Cognição, neuropsicologia e aprendizagem

Dados Internacionais de Catalogação na Publicação (CIP)
(Câmara Brasileira do Livro, SP, Brasil)

Fonseca, Vitor da

    Cognição, neuropsicologia e aprendizagem : abordagem neuropsicológica e psicopedagógica / Vitor da Fonseca. 7. ed. – Petrópolis, RJ : Vozes, 2015.

    8ª reimpressão, 2023.

    ISBN 978-85-326-3480-1
    Bibliografia.

    1. Aprendizagem 2. Cognição 3. Neuropsicologia 4. Pedagogia 5. Psicologia educacional I. Título.

07-1730   CDD-370.152

Índices para catálogo sistemático:

    1. Educação cognitiva : Abordagem neuropsicológica e psicopedagógica   370.152

Vitor da Fonseca

Cognição, neuropsicologia e aprendizagem

Abordagem neuropsicológica e psicopedagógica

EDITORA
VOZES

Petrópolis

© 2007, Editora Vozes Ltda.
Rua Frei Luís, 100
25689-900 Petrópolis, RJ
www.vozes.com.br
Brasil

Editoração: Fernando Sergio Olivetti da Rocha
Diagramação: AG.SR Desenv. Gráfico
Capa: Juliana Teresa Hannickel

ISBN 978-85-326-3480-1

Este livro foi composto e impresso pela Editora Vozes Ltda.

Sumário

Introdução
Educação cognitiva, por que e para quê?

Abordar a cognição e a aprendizagem numa perspectiva de educação cognitiva com uma visão multifacetada que inclua uma introdução teórica com bases filogenéticas e neuropsicológicas e que integre duas componentes práticas: um novo modelo de diagnóstico do potencial de aprendizagem e uma nova intervenção pedagógica não são tarefa fácil, num momento de grandes incertezas e de grandes desafios educacionais. Conscientes deste risco, procuramos neste pequeno livro levantar questões sobre tão importantes paradigmas e apontar um rumo possível e viável à luz de algumas pesquisas que vamos realizando no plano da clínica psicopedagógica.

Aprender a refletir, a raciocinar, a utilizar estratégias de resolução de problemas para adaptarmos as novas gerações para aprenderem mais, melhor e de forma diferente e flexível, é uma necessidade fundamental da educação e, provavelmente, a tarefa mais relevante da escola. Todo estudante tem o direito de desenvolver ao máximo o seu potencial cognitivo e os governos têm a responsabilidade de lhe garantir oportunidades e meios adequados para o fazer.

Assumimos a posição de que não basta frequentar a escola para desenvolver as *funções ou aptidões cognitivas*, apesar de todos os conteúdos e níveis de ensino as reclamarem, e a maioria dos seus agentes as exigirem para atingir sucesso e aproveitamento escolar.

Efetivamente, a perspectiva da educação cognitiva, que pode e deve atravessar todos os níveis de ensino desde a Educação Infantil ao Ensino Superior, ilustra o famigerado conceito de Pigmaleão, pois a sua filosofia e os seus pressupostos assentam num princípio básico, *a crença no estudante* como ser aprendente, como um indivíduo dotado intrinsecamente de capacidades e orientado contextualmente para aprender e para mudar.

A educação cognitiva encerra uma visão dialógica do desenvolvimento cognitivo humano, uma construtivista e outra coconstrutivista. A *construtivista*, inspirada em Piaget, visa a construção centrípeta, significativa e estruturada do conhecimento, e não a pura acumulação acrítica de dados de informação. A *coconstrutivista*, inspirada em Vygotsky, reforça a construção centrífuga do conhecimento com base em interações sociais interiorizadas e mediatizadas envolvendo um diálogo intencional entre indivíduos experientes e inexperientes.

Trata-se dum *processo de ensino-aprendizagem* inovador que recorre à poção de *conflito sociocognitivo* de Doise, aceitando a coexistência de várias abordagens e de vários pontos de vista sobre o mesmo problema ou matéria de conhecimento, sugerindo a emergência de dúvidas, de discussões e de debates sem tensão e com respeito mútuo, que se tornam potenciadores do desenvolvimento cognitivo mais convivencializado e cooperativo do tipo de Paulo Freire, e não num método de ensino meramente expositivo e competitivo, característico dos modelos de formação tradicionais.

A educação cognitiva parte duma perspectiva sistemática da inteligência, por isso está baseada nos contributos recentes da *psicologia cognitiva*, da *neuropsicologia*, do *processamento de informação* e das *abordagens contextuais* de desenvolvimento cognitivo. Neste parâmetro a inteligência é considerada *bioantropológica na sua origem*, *mas psicossocial no seu desenvolvimento*, respeitando a heterogeneidade e a diferença cultural.

A escola e a maioria das instituições sociais envolvidas na formação e na qualificação dos recursos humanos têm negligenciado as vantagens da educação cognitiva, que basicamente não ensina conteúdos disciplinares ou matérias de conhecimento, mas, ao contrário, visa desenvolver e maximizar os *processos de captação, integração, elaboração* e *expressão de informação*, no fundo, tudo o que se pode definir como aprendizagem. A sociedade em geral e a escola em particular, assim como todos os seus agentes que lidam direta ou indiretamente com o desenvolvimento do potencial humano, ainda desconhecem as vantagens e os benefícios da intervenção psicopedagógica no domínio da cognição.

Apesar de a educação cognitiva ter tradições e uma herança de quase cem anos, a aplicação dos seus conceitos à educação regular e nas salas de aula comuns é relativamente recente, e, entre nós, ainda não consta dos currículos de ensino.

A educação cognitiva, visando de forma harmoniosa o desenvolvimento cognitivo e emocional dos indivíduos, tem como finalidade principal proporcionar e fornecer *fer-*

ramentas psicológicas que permitam maximizar a capacidade de aprender a aprender, de aprender a pensar e a refletir, de aprender a transferir e a generalizar conhecimentos e de aprender a estudar e a comunicar, muito mais do que a memorizar e reproduzir informação.

Não se trata apenas de mais um método alternativo e de apoio pedagógico acrescido dirigido a estudantes ou formandos de baixo rendimento escolar, mas sim de um instrumento educacional inovador para todo o ensino e para todo o tipo de formação de recursos humanos. Como perspectiva de mudança, a educação cognitiva leva em consideração os conhecimentos prévios do educando ou formando e tem como pressuposto fundamental o respeito pelo seu perfil cognitivo, na ótica de Ausubel, ao mesmo tempo que procura induzir nele novos poderes elaborativos e executivos, seguindo aqui os resultados de pesquisa de Norman, Haywood, Feuerstein, Das e muitos outros.

Ao defender uma perspectiva dinâmica, prospectiva e prescritiva do diagnóstico do potencial de aprendizagem, a educação cognitiva visa em primeiro lugar aproximar-se da *zona de desenvolvimento proximal* (conceito introduzido por Vygotsky) do indivíduo, ou seja, do seu nível de modificabilidade cognitiva.

A educação cognitiva transforma o professor num mediatizador, num investigador em ação, algo que pretende mudar o seu estatuto socioprofissional, a sua própria formação (inicial ou em exercício) e mesmo a sua higiene mental. Por essência ela deveria constituir-se como o núcleo preferencial de formação para os professores de apoio pedagógico acrescido, vocacionalmente orientados para o acompanhamento dos estudantes com problemas de aprendizagem e de comportamento e com baixo rendimento.

A educação cognitiva acaba com o discurso esquizofrênico entre a teoria e a prática e pretende paralelamente, em termos de reforma educativa, solucionar os graves problemas do insucesso escolar, que afetam não os políticos, os conferencistas ou os investigadores de educação, mas fundamentalmente os seus "clientes". Como nova corrente pedagógica, em muitos países já perfeitamente implementada no ensino regular como uma disciplina de charneira, a educação cognitiva consubstancia um modelo de educação cooperativa e não competitiva, dado que reforça a aprendizagem como um processo de constrição e aquisição de conhecimento baseado na interação dos seus vários intervenientes, conjugando dinamicamente vários níveis de competência cognitiva.

Ele não pretende apenas enfocar a assimilação do conhecimento, mas desenvolver competências de resolução de problemas, o que pressupõe o treino de processos e subprocessos cognitivos, isto é, de funções, habilidades e aptidões de captação, integração, planificação e comunicação de informação, atuando em todas as suas componentes de forma sistêmica e estruturada.

Partindo de uma *concepção dinâmica do potencial de aprendizagem*, e não de uma concepção estática ou imutável, muito diferente portanto da perspectiva psicológica tradicional do quociente intelectual (QI), que assume uma medição fixa e puramente classificativa da inteligência e de muito pouca utilidade habilitativa ou pedagógica, a educação cognitiva considera a avaliação do potencial como um momento privilegiado de aprendizagem e de modificabilidade, pois não se limita a consumir e a utilizar testes e a conjeturar sobre o futuro de seres humanos com base em informações por vezes demasiado fixas, conclusivas e retrospectivas.

Defendendo uma *relação de mediatização e de interação intencional*, dita pedagógica, portanto, entre o observador e o observado, o ato de avaliar é entendido como um ato de cooperação entre um ser experiente (observador) e um ser inexperiente (observado), onde o observador não se limita a colocar situações-problema ao observado e a medir ou a registrar as suas respostas.

Nesta concepção educacional, o *diagnóstico psicopedagógico*, que deve anteceder a intervenção cognitiva, tende a transformar os observadores (psicólogos, professores, terapeutas, etc.) em pesquisadores críticos sobre como os observados (estudantes, formandos, etc.) se colocam perante as situações de observação, sobre como eles utilizam os seus recursos cognitivos, como atendem e percebem os dados do problema, como os processam, os analisam, os comparam, os relacionam, os categorizam, e que estratégias colocam em jogo para elaborar, planificar e antecipar as respostas, e como fazem uso de procedimentos de verificação e de controle para exprimirem as suas respostas ou soluções. A finalidade última da observação psicopedagógica está em aproximar-se da *arquitetura cognitiva* do indivíduo observado.

A partir do perfil ou do estilo cognitivo apurado do observado, onde deve ressaltar o balanço das aptidões fortes e fracas, a preocupação central do processo de observação deve *enfatizar as componentes do ato mental no seu todo*, isto é, das funções de atenção e captação (*input*), de integração e elaboração (processamento) e de planificação e expressão (*output*) de informação, concebidas como aptidões para a construção do conhecimento.

Com base no *nível básico de aptidão cognitiva* (Nibac), a prescrição da intervenção individualizada que consubstancia a educação cognitiva deve então ser desenhada com o objetivo de enriquecer, potencializar, otimizar e maximizar tal capacidade de processar informação, ou seja, visa a modificabilidade estrutural da aprendizagem do observado.

A educação cognitiva enquadrada dentro destes pressupostos teóricos e práticos tende a *evitar experiências de aprendizagem de insucesso e de fracasso*, com todas as consequências emocionais desviantes que se conhecem, uma vez que pretende essencialmente produzir modificabilidade no nível básico de aptidão cognitiva.

Com a observação dinâmica pretende-se atingir uma compreensão mais ou menos aproximada do estilo e do perfil cognitivo dos indivíduos observados, sendo posteriormente mais fácil desenhar um *plano de intervenção cognitiva individualizado* (Pici), tendo como preocupação reforçar e ampliar as suas áreas fortes, desenvolvendo nelas estruturas mais complexas e diversificadas, ao mesmo tempo que se consolidam os seus alicerces motivacionais e se sustentam com mais segurança as suas autoimagens, fator energético fundamental do ato mental.

Subsequente a esta fase de reforço das aptidões e das habilidades cognitivas e de enriquecimento de sentimentos de competência pode-se, então, com bom-senso, caminhar para a *compensação das áreas fracas do seu perfil cognitivo*, educando e mediatizando funções cognitivas, imaturas ou desnaturas, pobres ou pouco estimuladas, fazendo desenvolver no âmago cognitivo do indivíduo aprendente estratégias de reflexão e de metacognição que possam efetivamente prevenir e redesenvolver o seu potencial intrínseco de aprendizagem.

A educação cognitiva, por consequência, evita o perigo de os estudantes serem sujeitos a experiências de aprendizagem ou a currículos de matérias e de disciplinas para os quais não possuem as *pré-aptidões* necessárias, exatamente porque, ao não ensinar conteúdos, mas essencialmente estratégias cognitivas de processamento de informação, ela garante a *prontidão cognitiva* indispensável para ter êxito na aprendizagem de qualquer disciplina, seja ela de maior ênfase simbólico-verbal ou não. Em síntese, a educação cognitiva faz a diferença, porque está comprometida com a expansão do potencial de aprendizagem dos estudantes e não com a assimilação ou reprodução acrítica e irrefletida de conhecimentos.

Para além de desenvolver funções cognitivas fundamentais e básicas, a educação cognitiva visa promover e enriquecer o *pensamento criativo* e a *resolução de problemas* dos estudantes, algo essencial para o seu futuro, em que o conhecimento tende cada vez a ser mais incerto e questionável.

A educação cognitiva torna-se crucial para a escola regular, a sua sobrevivência como sistema de formação de recursos humanos em qualquer grau ou nível requer um *currículo cognitivo* enfocado para o desenvolvimento de funções que estão na origem de processos de aprendizagem simbólicos e superiores, pois ele não só melhora a cognição, como melhora a motivação para aprender a aprender (FONSECA, 1998, 1996a), e, por empatia funcional, também melhora as relações interpessoais, e pode, com eficácia, travar, ou pelo menos reduzir, os deficientes encaminhamentos para situações escolares de exclusão social ou de estigmatização e discriminação negativa.

A educação cognitiva compreende portanto a aplicação da teoria cognitiva a todos os métodos de ensino, podendo abranger todas as disciplinas, pois procura colocar e explorar situações que permitam, no fundo, aprender a aprender e a resolver problemas.

Aprender a aprender envolve essencialmente:

1) Focar a atenção para captar o máximo de informação a partir do conjunto de estímulos em presença;

2) Formular estratégias exequíveis para lidar com a tarefa;

3) Estabelecer e planificar estratégias;

4) Monitorizar a *performance* cognitiva até atingir o objetivo;

5) Examinar toda informação disponível;

6) Aplicar procedimentos sistemáticos para resolver o problema em causa e verificar a sua adequabilidade.

Resolver problemas envolve fundamentalmente:

1) Receber e interpretar dados e produzir procedimentos para lidar com o problema (fase de *input*);

2) Criar operações e processos relacionados com as tarefas inerentes ao problema (fase de integração e de planificação);

3) Aquisição de competências para solucionar o problema (fase de *output*).

Trata-se portanto de conceitos cognitivos já em prática em muitos contextos, nomeadamente em empresas, instituições e organizações ligadas à pesquisa e à inovação; o problema está em aplicá-los, de forma sistemática, igualmente no seio da escola e da sala de aula, onde se reconhece cada vez mais a necessidade de ensinar aos estudantes e aos professores processos de planificação e de tomada de decisão.

Em resumo, este pequeno livro procura introduzir conceitos teóricos, procedimentos de avaliação dinâmica e de pedagogia mediatizada, que podem ser agrupados como componentes de uma educação cognitiva. Em termos gerais, a educação cognitiva refere-se à aplicação da teoria cognitiva, aos procedimentos de avaliação, de instrução, de reeducação e de prática clínica dentro do campo da educação.

Este trabalho encontra-se dividido em três segmentos principais: o primeiro apresenta alguns conceitos teóricos sobre a abordagem cognitiva da aprendizagem, nos seus paradigmas filogenéticos e neuropsicológicos; o segundo trata dos pressupostos filosóficos, culturais e metodológicos da avaliação psicopedagógica dinâmica do potencial de aprendizagem e das suas diferenças com a avaliação estandardizada tradicional e o terceiro dedica-se aos aspectos pedagógicos da mediatização e aos seus critérios de interação.

Este livro, na linha de outro que já publicamos sobre educação cognitiva (FONSECA, 1998), é dirigido a profissionais e a estudantes de psicologia, de pedagogia, de educação especial e reabilitação e disciplinas afins; trata-se de mais um contributo de introdução ao campo, decorrente de várias conferências e cursos que vamos realizando em diversos contextos.

1

Modificabilidade cognitiva: abordagem neuropsicológica da aprendizagem humana

1. A emergência da cognição: alguns pressupostos filogenéticos

A cognição tem um passado aproximado de quatro bilhões de anos, mas apenas cem anos de história. Em termos filogenéticos, *a cognição emergiu da ação* e da motricidade ideacional inerente à espécie humana (CALVIN, 1998, 1989), permitindo pôr em jogo a sua planificação e simultaneamente predizer os seus efeitos e antever em que circunstâncias deveria ser regulada e controlada, com o objetivo de atingir determinados fins, ora de sobrevivência, ora de prazer pessoal ou de utilidade social. A essência da cognição enfoca-se essencialmente na sua *propensibilidade para a resolução de problemas*, numa palavra, a essência da adaptabilidade criativa da espécie humana, que se operou ao longo do seu passado, que se opera no fugaz presente e que certamente atuará no seu futuro próximo e distal.

Encontrar a solução de um problema foi em certa medida o móbil crucial do *Homo sapiens*, o primata superior (LEROI-GOURHAN, 1964; LE GROS CLARK, 1972; FONSECA, 1996b, 1989a; VIEIRA, 1995) possuidor do *binômio e do "continuum" dialético corpo-cérebro mais complexo do reino animal*, que lhe possibilitou a aquisição das seguintes competências natropomórficas: enormes qualidades práxicas (macro, micro, oro e grafomotoras); agudo e proficiente sentido de exploração multissensorial; megarrepresentação gnósica e interpessoal; complexa capacidade de retenção e recoleção; dieta omnívora; elevada cooperação e comunicação interpessoal; sutil estratégia de interação sexual e social; concentração, planificação e persistência prolongadas; partilha altruísta e recíproca de mentalidades e de necessidades; especialização sensório-motora, corporal e hemisférica; longo período lúdico-infantil; acumulação de procedimentos extrabiológicos e ecológicos, etc., que explicam sistematicamente a emergência de um *comportamento cognitivo peculiar*, cujas relações sensório-motoras (*input*-integração/elaboração-*output*) não têm paralelo com outra forma de vida no planeta terrestre e por ora no cosmos. Dispondo de uma *sintaxe biológica* (dita motora), que atingiu o seu esplendor com o estilo de vida de caçadores-recoletores, a espécie humana apropriou-se de uma outra *sintaxe extrabiológica* (dita psicomotora) dita cultural, que atingiu a sua transcendência máxima, primeiro com a linguagem corporal e depois com a linguagem falada.

Sem sintaxe, ou seja, sem o arranjo ordenado de ideias e ações, talvez não fosse possível a espécie humana superiorizar-se aos chimpanzés. A capacidade de evoluir do gesto à palavra, decorrente da *especialização do corpo e do cérebro*, estruturalmente localizada à volta do nosso ouvido esquerdo e multiestruturada no hemisfério do mesmo lado, não apenas permite vocalizações emocionais próprias dos símios, mas a plena expressão sequencializada do pensamento simbólico nas suas esferas mais abstratas, que são obviamente exclusivas do gênero *Homo* (CALVIN & OJEMAN, 1994; CHANGEUX, 1983; FONSECA,

1996b, 1989a). Apesar de se poder reconhecer um repertório simbólico de alguns primatas, só a espécie humana *inventou a sintaxe*. Com base em limitadas vocalizações que não produzem significações, como os fonemas, a sequencialização de sons delas decorrentes, permitiu produzir palavras (monemas) e frases significativas, cujas multiplicações combinatórias ilimitadas – algumas das quais ligando mais de cem sons oromotoricamente[1] articulados – permitiram adquirir uma das mais relevantes facetas da cognição humana. Esta sintaxe da linguagem, surgida filo e ontogeneticamente da *sintaxe da ação* (FONSECA, 1992, 1989a), tem por base uma outra faceta relevante da cognição, isto é, a capacidade de *planificação motora*. Surpreendentemente, a maioria dos animais exibe pouca evidência deste comportamento, salvo raras excepções muito episódicas e esporádicas, daí a distância neurofuncional entre a motricidade animal e a humana, esta obviamente psico e sociomotora.

Imaginar o decurso das ações e os seus efeitos consequentes, e depois decidir da sua execução ou inibição, é próprio da cognição humana. Juntar elementos, quer sejam movimentos em gestos, ações em coordenações, coordenações em operações, palavras em frases, notas em melodias, passos em danças, etc. – *a sequência espaçotemporal intencional* (PIAGET, 1976, 1973, 1954) – é uma das características mais extraordinárias do cérebro humano.

A perícia humana de sequencializar movimentos balísticos rápidos, ditos piramidais, não tem paralelo em ou-

---

1. Da língua oromo.

tros animais (WALLON, 1970, 1969, 1963). Bater, raspar, partir, amassar, atirar, percutir, cortar, separar, ligar, etc., movimentos importantes para a fabricação e manipulação de utensílios e uso de instrumentos de caça e de recoleção, por exemplo, constituíram-se como aquisições e estratégias hominídeas básicas para a sobrevivência e para a cultura.

Os *movimentos balísticos rápidos e sequencializados*, todos os que estão na origem da fabricação de objetos e na articulação de sons, isto é, na emergência da cultura, requerem uma planificação motora, ao contrário dos movimentos lentos, que deixam tempo para a improvisação e para a correção das suas trajetórias, onde a planificação antecipada não é tão necessária (CALVIN, 1998). Para movimentos que duram milésimos e centésimos de segundo, como os das praxias e os da fala, a retroalimentação e a reaferência são normalmente ineficazes, dada a limitação do tempo de reação do comportamento humano.

Efetivamente, a *execução de movimentos intencionais*, orientados e dirigidos para determinados fins, antecipada cognitivamente pela planificação motora, processa-se nas *áreas pré-frontais* (sistema funcional psicomotor) e é posteriormente executada pelos seus *sistemas motores descendentes* concomitantes (sistemas piramidais, extrapiramidais, reticulares, cerebelosos e medulares, ou seja, o sistema funcional motor que caracteriza outros vertebrados, répteis, mamíferos e primatas).

A sincronização entre o *funcionamento psíquico* e o *equipamento motor* (do pianista e do piano, para usar uma analogia) revela uma evolução neurológica superior que é considerada das mais recentes em termos filogenéticos, e das que mais tempo leva a estruturar-se em termos ontogenéticos.

Trata-se mais exatamente das chamadas *funções executivas* do cérebro (LURIA, 1980b, 1979, 1977b, 1973), que presidem a todas as formas superiores de expressão do conhecimento ou de *performance* motora, onde se operam famílias de procedimentos e subprocedimentos cognitivos inter-relacionados e autorregulados, que transferem a dita planificação motora em programas e subprogramas de execução, regulação e controle de condutas.

Tais sistemas descendentes e centrífugos, primeiramente planificados nas áreas pré-frontais motoras terciárias e depois secundárias, subentendem o faseamento interligado de processos de resolução de problemas e de sequencialização pensamento-ação (transição volição-ideia-planificação-execução-ação), etc., que constituem um conjunto dinâmico de funções cognitivas integradas e associadas, permitem ao indivíduo pensar em objetivos, mantê-los na memória ativa, prossegui-los, monitorizá-los e controlá-los em função de interferências ecológicas, com o fim de os alcançar e materializar eficazmente.

Este *processo teleonômico e práxico*, único e exclusivo da motricidade humana, não se esgota na motricidade efetora característica da adaptação vertebrada; pelo contrário, ela é antecedida, distanciada e antecipada por processos psíquicos frontais muito complexos que ilustram a psicomotricidade exclusiva da espécie humana, uma *inteligência corporal e quinestésica* (GARDNER, 1985), dita ideomotora, verdadeiro constructo do fenômeno biocultural humano.

Devido a essa condição adaptativa da motricidade humana, dita ideo ou psicomotora, o cérebro tem de planificar com detalhe, precisão e exatidão as sequências de ativação de dezenas de músculos, principalmente das extremidades corporais do *pé*, da *mão* e da *boca*, através das quais a atividade psíquica se expressa e se demonstra, quer na praxia, quer na linguagem falada e escrita.

Porque os neurônios frontais pré-motores e motores funcionam em mecanismos temporais independentes e em melodias cinestésicas uníssonas, mutuamente coativadas e sincronicamente coibidas (LURIA, 1980b, 1970, 1965; LURIA & VYGOTSKY, 1992), como num coro de vozes integradas, os movimentos humanos, ao contrário dos animais, têm de ser previamente antecipados e autorregulados cognitivamente. Ação e cognição emergiram paralelamente ao longo da filogênese, e tendem a surgir ao longo da ontogênese.

A *distinção entre motricidade e psicomotricidade*, que está na base da produção das praxias e da diferenciação entre a motricidade animal e a humana, permitiu à espécie, com a sua *motricidade planificada* e *autorregulada*, dita *pré-frontal*, acrescentar ao mundo natural um mundo civilizacional, algo inacessível à motricidade das outras espécies vertebradas (FONSECA, 1996a, 1989b).

Desta forma, o *desenvolvimento práxico*, quer na espécie, quer na criança, quer filogenética, quer ontogeneticamente, consubstancia o surgimento de *funções cognitivas superiores*, razão pela qual a emergência da linguagem subentende uma especialização corporal e sensório-motora complexa, ilustrada não só pela dominância manual como pela especialização hemisférica (FONSECA, 1996a, 1992), sem as quais a evolução humana não seria possível, como atestam inúmeras síndromes de assinergia, de ataxia, de gênese do corpo caloso, da apraxia e tantos outros.

A *praxia* e a *linguagem*, verdadeiros artífices da cognição humana, desenvolveram-se dialeticamente em termos neurológicos. A superioridade práxica necessária aos movimentos balísticos de sobrevivência, que ajudaram os primeiros hominídeos a resolver os seus problemas de adaptação e de sobrevivência, de caça e de recoleção de alimentos, de comunicação e de cooperação, abriram a possibilidade, depois da conquista antigravítica da postura bípede, de acrescentar aos movimentos rápidos da mão (praxia) os movimentos rápidos da língua e dos lábios (linguagem).

A *sequencialização rápida e planificada antecipadamente*, comum à micro, à oro e à grafomotricidade (todas elas tributárias da evolução humana), só é possível de ser concretizada com uma *metacoordenação cerebral*, integrando *substratos subcorticais*, como os do cerebelo, da substância reticulada e dos gânglios basais, e *substratos corticais*, como os das áreas associativas sensoriais secundárias e terciárias posteriores (vísuo-táctilo-quinestésicas e auditivo-táctilo-quinestésicas) e os das áreas motoras associativas frontais anteriores (terciárias, secundárias, suplementares e pré-motoras, ditas psicomotoras). A expansão frontal daqui decorrente está na origem da motricidade psicologizada, donde emana o pensamento que antecede a ação, o pensar antes do agir.

A *função de planificação das condutas* (DAS, 1996, 1979; LURIA, 1975a, 1970) é inquestionavelmente uma conquista fulcral da evolução e de qualquer forma de comportamento ou de aprendizagem humana, ela é devida à expansão dos lobos pré-frontais decorrente das libertações morfológicas emergentes da postura e da redução do prognatismo, ou seja, do triunfo do cérebro cultural sobre o cérebro biológico (FONSECA, 1992; VIEIRA, 1995).

Com base nas informações captadas do mundo exterior e processadas nas áreas terciárias polissensoriais posteriores (2ª unidade funcional de Luria), bem como nas informações passadas, vividas, retidas e armazenadas emocionalmente no sistema límbico (1ª unidade funcional de Luria), os lobos pré-frontais (3ª unidade funcional de Luria), depois de analisarem toda esta informação, podem efetivamente planificar as condutas, respondendo cognitivamente às mudanças e às exigências envolvimentais e ecológicas, pondo em jogo a totalidade da organização funcional do cérebro, ou seja, a cooperação entre as três unidades que o constituem.

Não se tratam de reações impulsivas de curto termo, que caracterizam o comportamento dos primatas ou mesmo das crianças que requerem gratificações extrínsecas imediatas, mas sim de *planificações metarreguladas de longo termo*, que subentendem *gratificações intrínsecas interiorizadas e transcendentes* que caracterizam os comportamentos superiores humanos, onde muitos pacientes com lesões frontais claudicam (DAMÁSIO, 1995, 1979).

A *especialização cortical necessária para a sequencialização planificada exigida* pelas praxias e pela linguagem (KIMURA, 1973; OJEMAN, 1991; KOLB & WHISHAW, 1986) revela que as afasias resultantes de lesões do hemisfério esquerdo também implicam apraxias, ou seja, dificuldades de execução sequencial práxica das extremidades do corpo, isto é, da mão, dos dedos e da boca.

Sensações e ações, emanadas do corpo, da mão, dos dedos e da boca, parecem estar na origem da cognição humana. A criatividade civilizacional que delas brota decorre da planificação motora mediada por funções mentais claramente baseadas em estruturas do cérebro (DAS, 1998).

Nas áreas especializadas da linguagem no hemisfério esquerdo humano reside também uma área especializada para ouvir sequências de sons, região perissílvica, essa também envolvida na produção sequencializada de movimentos orofaciais, mesmo dos sons não verbais. Tais evidências neurocientíficas parecem apontar que o *córtex da linguagem* não serve só a linguagem propriamente dita, mas também está integrado em funções práxicas, revelando um papel mais generalizado e pluripotencial (LURIA, 1980a, 1980b) do que tradicionalmente se poderia pensar. Produzir novas sequências de sensações e de ações parece ser o grande jogo da cognição humana, mas tal não pode dar lugar a inversões, omissões, adições ou substituições, caso contrário a resolução de problemas pode ser perigosa ou gerar soluções inadequadas ou torpes. Simular os efeitos das ações e promover a qualidade da sua planificação por meio de modelos mentais parece estar na base da criatividade humana, melhor dito, da própria essência da práxia, isto é, o verdadeiro produto final da cognição.

Ao longo da evolução, aprendemos a explicar eventos de molde a decidir e a selecionar quais as ações a serem desenvolvidas e desencadeadas no futuro. Com base em condições excepcionais de *observação* (percepção – *input*) e de *ação* (*output*), a espécie humana foi progressivamente adquirindo um poder extraordinário de conceptualização, ou seja, de *cognição*, dando lugar a uma espécie de seleção natural darwiniana de processos mentais, processos esses que, sendo reproduzidos com sucesso, estiveram e estarão implicitamente integrados na gênese de novas sequências de ação.

Com uma ação originada na cognição, o verdadeiro conceito-chave da natureza psicomotora do comportamento humano (FONSECA, 1992, 1989b), combinando *pensamentos*, *sentimentos* e *movimentos*, por analogia, articulando dinamicamente sensações, emoções (num certo sentido estas não são mais que ações não materializadas ou que podem mesmo nunca se concretizar) e ações, o ser humano produz comportamentos intencionais que visam concretizar uma relação inteligível entre si e o envolvimento (WALLON, 1969). Neste contexto, para muitos autores, nomeadamente neurocientistas, psicólogos e filósofos, a cognição retrata a mente, ilustrando-a em termos observáveis; em certa medida, ela acaba por consubstanciar-se como a ciência da mente, ou seja, o paradigma mais intrínseco e contíguo do pensamento. Para *Aristóteles*, por exemplo, a inteligência, considerada aqui como processo de pensamento, emanava do coração e não do cérebro. *Leonardo da Vinci* centrou-a fundamentalmente no líquido encéfalo-raquidiano. *Descartes*, posteriormente, limitou-a à glândula pineal.

Só há cerca de cem anos se concebe o cérebro como a sede do pensamento e portanto da cognição, enquanto a filosofia hindu lhe conferiu o lugar do sexto órgão sensorial (DAS, 1998), para além de uma dimensão dicotômica, a energia masculina e a feminina, a passiva e a ativa, sugerindo a separação entre a cognição e a afetividade, algo hoje impossível de separar (DAMÁSIO, 1995). Outros pensadores, como Santo Tomás de Aquino, referem-se à inteligência como uma dádiva divina. Com o avanço tecnológico surpreendente dos nossos dias, ainda não sabemos muito bem qual é o segredo da conexão entre a mente, o corpo e a alma, isto é, a *psique* dos filósofos gregos.

Em síntese, não há uma definição única ou ideal de inteligência ou de cognição, ela não se encerra nem se limita a constructos do tipo "a inteligência é um comportamento adaptativo dirigido para um fim" ou "a inteligência é aquilo que medem os testes". As *neurociências*, que são um espectro de ciências, dão hoje ao estudo da cognição uma outra dimensão de complexidade (FLAVELL, 1993). Numa nova dimensão científica com base nas teorias cibernéticas, e nas teorias da informação e da comunicação, a cognição é, antes de tudo, uma *complexidade altamente organizada*, ou seja, uma imbricação de ações, interações e retroações, para além de se prefigurar como um sistema organizado de componentes interativos, que nenhum computador, por mais sofisticado que se conceba, pode medir ou mesmo discernir. As componentes e os processos desta teia emaranhada que é a cognição continuarão a preocupar a mente humana ainda por muitas décadas.

A concepção filosófica original de Hegel, que nos despertou para a relação entre a parte e o todo, não sendo a parte que está no todo, mas o todo que está igualmente na parte, sugere ilustrar a cognição como um *holograma*, em que cada ponto contém a totalidade, algo igualmente próximo das concepções sistêmicas (BERTALANFFY, 1993).

A complexidade, que se tornou uma exigência do quotidiano (MORIN, 1996), abraça também o estudo da cognição e da inteligência (NEWELL, 1990), e é esse paradigma que é importante realçar aqui, porque nenhuma teoria científica pode pretender-se absolutamente certa para as definir.

A ciência, como paradigma da certeza, tornou-se sinônimo da incerteza (POPPER & ECLLES, 1997), a tal tradição crítica a que não escapa o estudo de qualquer ciência, nem mesmo a da cognição.

A ciência é a parte emersa de um *iceberg* profundo de não cientificidade. A ciência não é totalmente científica. Por analogia, as teorias não são o reflexo do real, são apenas um sistema de ideias, uma construção do espírito que levanta problemas.

A *cognição da cognição* é um dos grandes problemas à procura de explicações, que as ciências psicológicas, como a própria psicologia cognitiva ou a neuropsicologia, ainda não resolveram. As neurociências e as psicociências ainda se encontram em campos muito afastados que se têm ignorado uns aos outros, mas que não escapam à sua fusão mais cedo ou mais tarde. O progresso do conhecimento é também o progresso do desconhecimento. Assim é com a cognição, um paradigma epistemológico complexo que não cabe em concepções reducionistas por mais evidências que se produzam (BONNO, 1985).

Para conhecer o cérebro humano, portanto, e a sua atividade cognitiva é necessário todavia se referir ao conhecimento assimilado mais recentemente pelas neurociências.

Efetivamente, o cérebro é o órgão onde se forma a cognição, o *órgão mais organizado do organismo*. A cognição pode emergir no cérebro porque nele ocorrem determinadas condições bio-psico-sociais ou bioantropológicas dinâmicas e evolutivas que permitiram, e permitem, ao ser humano revelar-se como um ser *auto-eco-organizador* (MORIN, 1996).

A dimensão construtiva e coconstrutiva (VALSINER, 1988) do ser humano envolve relações entre o cérebro, o corpo e os ecossistemas (DAMÁSIO, 1995). Ele é também um ser computante porque trata e organiza informação no seu cérebro que computa computações, *um verdadeiro "cogito"*, um todo que emerge a partir de elementos constitutivos que interagem entre si, em todo organizador que se constitui e retroage, sobre as partes que o constituem (CHANGEUX, 1983).

O ser humano como *cogito* encerra uma dialética entre o cérebro (órgão biológico) e a mente (órgão psíquico), que designa um conjunto de ações que incluem a consciência, as ideias e a linguagem, que evoluem em contextos sócio-históricos (PELLEGRINO, 1985).

A década dos anos 1990 permitiu saber mais sobre a cognição do que em todos os séculos anteriores. A biologia molecular, a sinaptogênese, a migração celular, o papel dos iões na memória, dos mensageiros químicos na aprendizagem, a dialética dos fatores genéticos com os epigenéticos, os sistemas funcionais que emergem pela experiência e pela mediatização ou não emergem pela sua privação, etc., forneceram-nos hoje novos dados sobre como as funções cognitivas funcionam (CHANGEUX, 1983). Novas tecnologias de registro da atividade cerebral, como a ressonância magnética, a emissão por positrões, a neurometria, a eletroencefalografia computorizada, etc., avançaram novos esclarecimentos sobre como os processos mentais operam. Cada vez mais se compreende melhor a relação funcional entre a estrutura (neurologia) e a função (psicologia), que nos explicam como a cognição resulta da integridade biológica e da complexidade da interação sociocultural. As meras explicações emocionais ou motivacionais (psicanalíticas), comportamentais (behavioristas) ou psicométricas puras (QI) não satisfazem a explicação total da cognição. Os estudos patológicos da cognição, desde as encefalopatias às lesões cerebrais, à paralisia cerebral, às distinções cerebrais, umas severas, outras ligeiras, e aos traumatismos cerebrais e aos acidentes pré, peri e pós-natais, fornecem-nos atualmente também novos dados sobre tão importante paradigma de estudo, na medida em que incluem níveis de explicação e demonstrações potenciais sobre a fluência ou disfluência das funções cognitivas na adaptação e na aprendizagem.

Os eventos encefalopáticos também não podem ser subestimados no estudo mais abrangente da cognição, quer no estudo dos défices de atenção, da hiperatividade, da impulsividade, do baixo nível frustracional, da baixa autoestima, dos problemas de processamento de informação, quer nos estudos dos diversos tipos de atraso mental, nas síndromes Tourette, Williams, Rett, nas síndromes do cromossoma X frágil, na síndrome alcoólica fetal, no autismo, na distrofia ou miopatia e concomitantes síndromes neurodegenerativas, nas doenças alérgicas, nos complexos problemas de desintegração cognitiva como nas doenças de Alzheimer, etc., emprestam outras visões ao problema complexo da cognição, daí a sua importância no estudo mais alargado e sistêmico da defectologia (VYGOTSKY, 1986).

A *concepção modular* da cognição (FODOR, 1983), que enquadra diferentes componentes e diferentes substratos que processam informação multimodal, as explicações biológicas ou metabólicas do tipo genético, as cognitivas da aprendizagem ou as comportamentais do tipo afetivo-relacional, demonstra paralelamente que o cérebro humano não se resume a uma máquina computacional, nem a mente a puras componentes físicas e químicas. O cérebro é um *sistema representacional* com capacidade de sentir, integrar, pensar, comunicar e agir a partir de capacidades de processamento de informação.

Nesse sentido, o estudo atual da cognição rejeita o *behaviorismo*, que não considerou a mente como um objeto de estudo científico, só os *inputs* e os *outputs* de um organismo seriam objetos legítimos de questionamento psicológico. Lashley (1929) evocou também que nesta corrente o comportamento não podia ser explicado somente em termos de cadeias de associação. Chomsky (1975, 1965), por outro lado, também provou que a abordagem behaviorista não podia explicar a estrutura da linguagem.

O estudo da cognição questiona igualmente a *psicanálise*, cujo enfoque cognitivo sustenta uma excessiva explicação nos mecanismos inconscientes e rejeita paralelamente a *psicometria* por se centrar na medição do produto final da inteligência, sem equacionar a complexidade dos sistemas e processos que lhe dão origem (FEUERSTEIN, 1985; HAYWOOD, 1992; BUDOFF, 1987; LIDZ, 1987).

Natureza da cognição

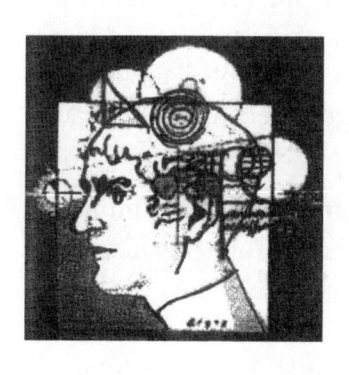

Compreende os processos e produtos mentais superiores (conhecimento, consciência, inteligência, pensamento, imaginação, criatividade, produção de planos e estratégias, resolução de problemas, inferência, conceptualização e simbolização, etc.), através dos quais percebemos, concebemos e transformamos o envolvimento... Não é uma coleção, mas um sistema complexo de componentes.

A cognição por definição é sinônimo de "ato ou processo de conhecimento", ou algo que é conhecido através dele (FLAVELL, 1993). Em termos multicomponenciais a cognição envolve portanto a contribuição e a coesão-coibição de vários subcomponentes, nomeadamente da atenção, da percepção, da emoção, da memória, da motivação, da integração e da monitorização central, do processamento sequencial e simultâneo, da planificação, da resolução de problemas e da expressão e comunicação de informação.

Como ciência, a cognição teve um grande impulso com o surgimento do primeiro computador em Princeton, revelando analogicamente que os *outputs* do computador dependem dos dados inseridos nele e da natureza dos seus programas operacionais, começando-se assim a entender mais claramente quais as relações entre a mente e o cérebro.

Assim se deu início à compreensão das atividades mentais (programas) e do cérebro (computador), pondo em relevo a emergência da *inteligência artificial* e a teoria matemática computacional de Turing (1950), tentativas de explicação possível da cognição, cuja aplicação decorre desde a origem de dispositivos de uso quotidiano, como o termostato, até à produção atual de mecanismos teleguiados e de megacomputadores.

A mente foi sendo dessa forma concebida numa *dimensão teleonômica*, como uma estrutura organizacional complexa que coordena objetivos e fins, bem como objetivos e procedimentos que os governam (SIMON, 1975). A cognição entendida como uma *teoria de processamento de informação*, e consistindo em vários subsistemas funcionais, cuja lesão em *pacientes neurologicamente lesados* (exemplo: agnosias, afasias e apraxias) permitiu chegar a modelos aproximados das funções normais, foi acumulando dados que permitiram conceber a mente como sendo construída com base em módulos que se articulam e organizam dinamicamente, obedecendo a determinadas propriedades funcionais e sistêmicas, e estruturalmente aberta à sua modificabilidade (FONSECA, 1996a).

Ao contrário da hereditariedade, da idade ou do esqueleto, a cognição pode mudar e apresentar um elevado potencial de plasticidade e flexibilidade, mesmo nas situações de risco clínicas complexas referidas, algo que se aproxima mais das características funcionais dos músculos, que, como sabemos, alteram as suas condições estruturais e fisiológicas e se adaptam a novas condições de maturação e de interação em conformidade com o envolvimento e com o treino renovado e continuado de hábitos (SPITZ, 1986). Coube à *neuropsicologia*, com suporte neste nível de explicação, ampliar a matriz teórica da cognição. O surgimento das novas técnicas de registro de padrões de atividade cerebral permitiu atingir níveis de justificação mais comprováveis. A arquitetura da cognição, sabe-se hoje, decorre portanto de processos neuronais, alguns dos quais já avançados por Hebb (1976), Luria (1980b, 1975a, 1970), Anderson (1995b), Newell (1990) e tantos outros.

O mapa funcional que se obtém a partir destes novos contributos sobre o cérebro não é o real, representa o real, ou seja, representa alguns modelos cognitivos críticos que são o fundamento da tomada de decisões que sustenta e materializa os comportamentos humanos.

A cognição evoca sistemas cerebrais, como produtos da evolução filogenética (sistemas de sobrevivência, de prazer e de aprendizagem) e da evolução ontologenética (linguagem corporal, falada e escrita), consubstanciando diversos estilos de vida e vários processos de aprendizagem.

Tal evolução cognitiva como resposta às exigências ecológicas, surgida primeiro de pressões evolutivas biológicas e envolvimentais e posteriormente de pressões sociais e culturais, retrata a dialógica dos sistemas inatos e adquiridos, dos sistemas que se atualizam à luz da experiência e da mediatização e dos sistemas que se especializam para vários fins.

A *ação faz a cognição e a cognição faz a ação*, ao mesmo tempo que o cérebro contém as memórias modularizadas que espelham tais relações ocorridas num contexto sócio-histórico.

A cognição emergida da manipulação micromotora (FONSECA, 1989b), transformada na sua representação pela linguagem, dotou o ser humano da capacidade de raciocínio e de resolução de problemas, e com todas essas competências aprendeu a aprender e criou o fenômeno civilizacional.

A cognição, surgida primeiro de sistemas não simbólicos e posteriormente de sistemas simbólicos de representação, emergiu de estratégias de processamento e de redes neuronais predefinidas: recorrentes e antecipatórias; de processamento e de distribuição paralela; modulares e de retropropagação do erro; de descodificação e codificação; de combinação infinita de elementos finitos; semânticas e sintáxicas; interativas, ativas e inibitórias; múltiplas e assíncronas; conceptuais e de mapeação; de modelação e de conexão; etc. Em termos bioculturais, é o maior atributo adaptativo da espécie; sem a sua plasticidade e modificabilidade adaptativa a aprendizagem não seria alcançada e a civilização inatingível.

O cérebro como órgão da cognição tem a capacidade de captar e armazenar uma quantidade infinita de informação e de imediato, ou quase instantaneamente, pode manipulá-la, não só em termos de passado, mas também adequá-la a situações inéditas e imprevisíveis em termos de futuro. Não há virtualmente nenhum evento psicológico que não envolva processos cognitivos.

Em Fodor (1983), a cognição equivale à produção sistêmica e composicional de representações, impregnada de memória dinâmica, de alocação e manipulação de dados, de arranjos de componentes funcionais; ela permite dotar a mente de uma característica única e unificada (exemplo do canivete suíço ou de faca para todo o serviço), que utiliza uma estratégia total e uma constelação de processadores com intenções especiais.

A cognição reflete a descontinuidade e a articulação de sistemas estruturados distintos: um sistema complexo baseado na *modularidade*, e não um sistema de resolução de problemas baseado na globalidade. A cognição não é certamente uma construção arquitetônica uniforme.

Tal modularidade exigível no adulto apresenta-se na criança em estado embrionário, onde a sensação terá de mimar primeiramente a percepção e posteriormente a cognição, demonstrando que ela resulta do agrupamento gradual de sistemas diferentes, uma modularização progressiva com ciclos de recodificação do conhecimento existente (PIAGET, 1965), que evolutivamente se tornam disponíveis para outros sistemas de conhecimento.

Em síntese, a cognição nem decorre de sistemas nativistas ou encapsulados (cognitivamente impenetráveis), como defenderam Fodor (1983) e Chomsky (1965), nem de uma arquitetura pré-formista dos sistemas sociais.

O desenvolvimento cognitivo decorre não só de sistemas pré-estruturados que se auto-organizam e constroem no indivíduo pela interação com o envolvimento (PIAGET, 1965), mas também de sistemas de mediatização interindividual que se coconstroem em contextos sócio-históricos (WALLON, 1963; VYGOTSKY, 1962; VALSINER, 1988).

O cérebro como órgão da civilização não se explica, portanto, nem em termos localizacionistas (GALL, apud LURIA, 1975a), nem, tampouco, em termos equipotenciais (FLOURENS, também citado pelo mesmo autor, LASHLEY, 1929). O primeiro advogou que o cérebro consistia em numerosos órgãos individualizados, cada um deles portador de uma função psicológica específica exercida em isolamento, como a leitura, a escrita, a fala, a marcha, a amizade, etc., abrindo portas à frenologia. A doutrina da equipotencialidade, defendida pelos dois autores acima citados, ao contrário, propôs que o cérebro, como tecido, não apresentava diferenciação, defendendo a sua equivalência total em termos do que faz ou pode fazer, ou seja, reforçando a homogeneidade do cérebro ou a sua ação em massa em termos de função.

Nenhuma destas abordagens mereceu aceitação universal, nem as lesões cerebrais em áreas específicas originavam sintomas previsíveis por ambas as teorias. Elas não explicavam por que é que pacientes com áreas específicas intactas apresentavam sintomas associados a elas, nem como pequenas lesões resultavam em défices extensivos, ao mesmo tempo que grandes lesões produziam, em ermos relativos, pequenos problemas funcionais.

Neste contexto controverso e antagônico, a proposta alternativa do neuropsicológico russo Luria (1980b, 1965), para além de superar as fragilidades das abordagens localizacionistas e equipotencialistas, apresenta uma perspectiva mais equilibrada das relações cérebro-comportamento e cérebro-aprendizagem, exatamente porque reúne os aspectos característicos das teorias básicas já referidas, isto é, admite a hipótese localizacionista, suporta a hipótese equipotencialista, mas supera as inconsistências explicativas de ambas as teorias. Vejamos em resumo, no número seguinte, as ideias principais do pensamento luriano.

2. Organização neuropsicológica da cognição: a abordagem luriana

Para Luria (1980b, 1977a, 1975a, 1970, 1969), o cérebro humano é o produto, filogenético e ontogenético, de sistemas funcionais adquiridos em vários milhões de anos, ao longo do processo sócio-histórico da espécie humana.

O mesmo autor define sistemas funcionais como a coordenação de áreas em interação no cérebro, tendo em vista a produção de um dado comportamento ou conduta, consubstanciando qualquer processo de adaptação ou de aprendizagem, cujo produto final subentende um processo cognitivo complexo. A aprendizagem no modelo luriano resulta, portanto, da criação de conexões entre muitos grupos de células que se encontram frequentemente localizadas em distantes áreas (unidades funcionais) do cérebro.

Neste contexto, a visão do cérebro de Luria (1980b, 1975a, 1965) é similar à dos outros sistemas orgânicos, como o sistema digestivo. Se, por exemplo, removermos de um indivíduo o seu estômago, constataremos que a função digestiva para, mas não será apenas por essa razão "localizacionista" que concluiremos que o estômago, por si só, é o centro digestivo do corpo. É completamente falacioso adiantar que o estômago é o único responsável pela digestão. Independentemente de o estômago ter uma função específica na digestão, ele não é o único órgão responsável por tal processo, porque se o resto do sistema digestivo for removido (exemplo: esôfago, intestino delgado, intestino grosso, etc.) o estômago isoladamente, mesmo que intacto, não seria capaz de assumir tal função vital do organismo.

Assim também opera o cérebro, segundo o pensamento luriano, onde cada área pode operar unicamente uma conjugação com outras áreas, a fim de produzir comportamentos, como, por exemplo, andar, jogar, manipular, falar, ler, escrever ou resolver problemas. Nenhuma área do cérebro se pode assumir como a única responsável por qualquer comportamento humano voluntário ou superior, exatamente porque o desempenho ou a realização de funções se fundamenta numa interação dinâmica e sistêmica de muitas áreas do cérebro, isto é, uma espécie de equivalente funcional ao que sugerem os equipotencialistas, mas como os localizacionistas, Luria confere igualmente funções específicas a cada área do cérebro.

Desta forma, Luria coloca-se numa posição em claro desacordo com ambas as teorias. Por assumir que algumas áreas, e não todas, se combinam e articulam para gerar comportamentos, Luria está em contradição com os localizacionistas. Paralelamente, porque o tecido cerebral é psicológica e fisiologicamente especializado, Luria está em contradição também com os equipotencialistas.

Em síntese, o comportamento resulta do funcionamento de sistemas que integram várias áreas do cérebro, mais do que o resultado de áreas específicas bem determinadas. De acordo com este axioma, um dado comportamento pode ser afetado quando qualquer parte do sistema funcional por ele responsável estiver igualmente afetada. Com base nesta perspectiva, um indivíduo pode apresentar, por exemplo, sinais de dislexia, ou mesmo de alexia, sem apresentar lesões no *girus* angular (denominado "centro de leitura" para os localizacionistas), dado que podem verificar-se disfunções nalgumas componentes do sistema funcional da leitura.

O conceito de sistemas funcionais é para Luria, consequentemente, diferente dos conceitos inerentes às teorias da localização ou da equipotencialidade.

A teoria da localização, preconizada por frenologistas como Gall, citado por Luria (1980b), sugere que todos os comportamentos resultam de áreas ou centros específicos do cérebro (exemplo: "área da marcha", "centro de leitura", "centro do altruísmo", etc.) e, consequentemente, indica que todas as desordens ou lesões podem ser adstritas a áreas cerebrais circunscritas.

A da equipotencialidade defendida por outros autores, nomeadamente Flourens, também citado por Luria, e essencialmente Lashley (1929), em contrapartida, sugere que todos os comportamentos envolvem a participação equitativa de todas as áreas, ou seja, defende que nenhuma área pode conclusivamente especificar um comportamento particular. Halstead (1947), nas suas pesquisas com inúmeros casos portadores de lesões cerebrais, não conseguiu encontrar evidências fatuais que sustentassem os pressupostos desta doutrina de "ação em massa".

A visão de Luria é inequivocamente diferente de ambas. Nenhuma área do cérebro pode-se considerar responsável por qualquer aprendizagem, ou por algum comportamento particular. Por analogia também, nem todas as áreas se consideram igualmente contribuidoras para todos os comportamentos ou condutas.

A teoria luriana dos sistemas funcionais concebe que o cérebro opera apenas com um número limitado de áreas quando está envolvido na produção de um comportamento específico, cada uma delas jogando um papel peculiar dentro do sistema funcional, denominada pelo menos como uma constelação de trabalho.

A noção de sistema funcional tende a equacionar uma concatenação ou uma cadeia de transmissão onde cada ligação, elo ou zona de mediação representa uma área particular. Cada elo é necessário para que a cadeia seja uma totalidade funcional, cada um participando com uma função específica no conjunto global da cadeia funcional.

Daqui resulta a noção de que, se alguma parte do sistema funcional está disfuncional ou desagregada em termos sistêmicos, o comportamento representado pela cadeia funcional pode ficar obviamente afetado, como evidenciam inúmeros casos clínicos (LURIA, 1977a, 1977c) de agnosia (disfunção de *input*), de afasia (disfunção de integração e de elaboração) ou de apraxia (disfunção de *output*).

Luria propõe igualmente a noção de pluripotencialidade, reforçando a ideia de que qualquer área específica do cérebro pode participar em inúmeros sistemas funcionais ao mesmo tempo. Em consequência dessa propriedade neurofuncional, se uma área do cérebro se encontra lesada, então vários comportamentos podem estar perturbados e não apenas um determinado tipo, dependendo do número de sistemas funcionais nos quais tal área participa. As várias áreas do cérebro não trabalham isoladas, uma vez que um dado comportamento só pode emergir quando resulta da cooperação sistêmica, melódica e sinergética das mesmas.

Dentro do mesmo contexto, o mesmo autor refere-se ao conceito de sistemas funcionais alternativos, sugerindo que um dado comportamento, ou processos de aprendizagem, pode ser produzido por mais de um único sistema funcional, evocando que o cérebro, como órgão de incomensurável plasticidade, não se estrutura com base em sistemas funcionais fixos, rígidos ou imutáveis. Por este conceito se explica por que é que muitos indivíduos com lesões ou traumatismos cerebrais não apresentam défices esperados, ou por que muitos deles recuperam espontaneamente algumas funções, independentemente de a sua lesão permanente subsistir.

Neste domínio, Luria (1975b, 1969, 1968), Luria e Tsetkova (1987) adiantam que a recuperação de funções após lesões talvez se verifique porque: 1º) as competências decorrentes de níveis superiores de integração cerebral, em alguns casos, poderão compensar competências adstritas em níveis inferiores; 2º) a recuperação de funções psíquicas superiores pode ser alcançada por reforço, ou enriquecimento, de funções psíquicas básicas; 3º) o papel de uma dada área lesada pode ser assumida por outra área no cérebro.

O cérebro debaixo de condições envolvimentais normais é um órgão plástico, e é nessas condições que o processo de aprendizagem decorre. Se, efetivamente, surge um problema ou uma dificuldade, por lesão ou por outra razão, não quer dizer que o sistema funcional esteja bloqueado. Pelo contrário, o que esta concepção sugere é, se existe alguma dificuldade, podermos mudar a natureza da tarefa (condições externas), ou então mudar a composição do sistema funcional, mudando a localização onde a informação é processada (condições internas), alterando, consequentemente, a modalidade de *input* ou de *output*, modificando o conteúdo de verbal para não verbal ou promovendo as funções cognitivas de processamento de informação (*input*, elaboração e *output*), etc., adequando-a ao estilo e ao perfil de aprendizagem do indivíduo em consideração.

Apesar de se conhecer ainda muito pouco de como o ser humano aprende e o seu cérebro funciona e de a análise cérebro-comportamento ser ainda muito elementar, a teoria de Luria apresenta uma arquitetura simples de compreender e suporta-se na maioria das investigações realizadas sobre o problema (GOLDEN, 1981).

A organização funcional do cérebro proposta por Luria permite entender como os sistemas funcionais trabalham, quer sejam nas praxias ou na linguagem. As praxias ou a linguagem, concebidas como competências de aprendizagem, por exemplo, emergem da cooperação de várias áreas ou zonas corticais e subcorticais, e não, como se pensava na teoria clássica, apenas das células piramidais de Betz responsáveis pela condução teleocinética. Tal cooperação complexa joga com a participação particular de cada uma das áreas cerebrais relacionadas com o sistema funcional, de tal modo que a sua disfunção ou destruição, embora não cause a perda total da *performance* (a função), causa necessariamente a perda de algumas subfunções, enquanto outras se mantêm intactas, o que é deveras promissor em termos de modificabilidade para muitos casos clínicos.

Por exemplo, a práxia, ou qualquer movimento intencional humano (LURIA, 1981, 1980b, 1975a, 1973, 1970), depende, segundo o mesmo autor, da cooperação e empatia funcional das seguintes áreas:

- Da *zona pós-central* somático-sensorial (retroação táctilo-quinestésica);

- Da *zona parieto-occipital* (interação intrassomática tônica, postural, intra e interneurossensorial, somatognósica, extrassomática e espacial);

- Da *zona pré(psico)motora frontal* (programação e seriação dos procedimentos motores);

- Da *zona frontal* (planificação e regulação teleonômica), jogando, portanto, com vários substratos neurológicos, nomeadamente da substância reticulada, do cerebelo, dos núcleos vestibulares e cinzentos da base do cérebro, dos lóbulos parietal, occipital e temporal, onde se opera a síntese polissensorial posterior, e igualmente da *área suplementar motora*, que antecede e antecipa a ativação piramidal (FONSECA, 1992, 1990a).

Em síntese, quando uma das áreas está disfuncional ou lesada, a organização da práxia encontra-se comprometida, podendo gerar ora uma dispraxia ora uma apraxia, dependendo do efeito e do foco da lesão considerada. Da mesma forma e de acordo com Luria (1980a, 1977a, 1977c) e Geschwind (1985, 1975), a linguagem quer falada quer escrita integra também a cooperação de várias áreas:

- No caso da *linguagem falada*, a recepção da fala ou a compreensão auditiva (*input*) envolve a sensação procedente dos ouvidos, que é recebida pelo córtex auditivo primário (*captação de fonemas*), sendo posteriormente processada em termos de significação na área de Wernicke (2ª unidade funcional luriana), enquanto a expressão da fala (*output*) requer que as suas representações sejam transferidas daquela área para a área de Broca (3ª unidade funcional luriana), através dos fascículos arqueados. Nesta área pré-frontal, a fala envolve um detalhado *plano promotor* de articulação (*produção de articulemas*), por sua vez transmitido para a área motora primária para desencadear a execução sequencializada dos múltiplos da laringe, faringe, língua e lábios;

• No caso da *linguagem escrita receptiva – leitura –*, a recepção das letras na leitura (*input*) é feita no córtex visual primário (*captação de optemas*), sendo posteriormente transmitida ao *girus* angular para associar e equivaler a logografia da palavra com o correspondente modelo auditivo na área de Wernicke. No caso de uma *leitura silenciosa*, a compreensão opera-se neste sistema funcional (2ª unidade funcional); no caso de uma *leitura oral*, o processo é similar ao processo expressivo da linguagem falada, utilizando os mesmos sistemas funcionais acima descritos.

Em contrapartida, a *linguagem escrita expressiva – grafomotricidade* (*output*) – implica que as representações das letras (traços e linhas pormenorizadas e fonemas correspondentes) sejam transferidas do córtex associativo visuoauditivo, em primeiro lugar, para o córtex parietal associativo, a fim de formular visuoespacialmente e táctilo-quinestesicamente as formas das letras, e, em segundo lugar, para a área de Exner (3ª unidade funcional), onde se opera um detalhado programa grafomotor (*produção de grafemas*), terminando na área motora primária a execução sequencial micromotora dos gestos da escrita, pondo em movimento múltiplos músculos da coluna, do ombro, do braço, do antebraço, do pulso, da mão e dos dedos.

Todos estes sistemas funcionais da linguagem falada e escrita põem em jogo, como acabamos de ilustrar, uma melodia complexa de componentes de processamento de informação que, no fundo, constituem o conjunto das funções cognitivas que suportam a aprendizagem simbólica (LURIA, 1968).

Em síntese, e da mesma forma, quando uma das componentes dos sistemas funcionais que acabamos de descrever se encontra disfuncional ou lesada, a organização da linguagem pode ser comprometida, podendo gerar ora disfasias, disnomias, disartrias, ora afasias, no caso do 1º sistema simbólico, ora dislexias (diseidéticas ou disfonéticas), disortografias e disgrafias, ora alexias ou agrafias, no caso do 2º sistema simbólico.

Outro conceito crucial de Luria é o da *folha de unicidade ou de uniexclusividade* dos sistemas funcionais, sugerindo que é a multiplicidade dos sistemas funcionais que surge como responsável por um dado comportamento ou conduta de aprendizagem. Pode-se inferir a partir deste conceito que, quando um sistema se encontra lesado, o comportamento pode ser prosseguido devido à disponibilidade e acessibilidade de um sistema funcional alternativo, como já referimos.

Com base nestas formulações funcionais, os efeitos de uma lesão cerebral numa criança tendem a ser substancialmente diferentes dos do adulto, na medida em que ambos dispõem de sistemas funcionais distintos em termos de organização neuropsicológica, um ainda desmaturo e o outro eventualmente maturo (LURIA & VYGOTSKY, 1992).

De acordo com estes conceitos lurianos, não existe uma correspondência linear entre um comportamento e uma zona específica do cérebro, tendo em consideração a *natureza sistêmica das funções cerebrais*. Luria (1980b) adota assim uma metodologia de estudo do cérebro centrada mais em síndromes (padrões de sintomas) do que em sintomas isolados, quando o estuda funcionalmente a partir da análise dos seus distúrbios. A disfunção cerebral que resulte de uma estrutura ou de uma zona específica dentro do sistema total pode manifestar-se por diferentes défices cognitivos de acordo com o foco da lesão.

Por exemplo, no caso de uma dislexia, se a criança não pode ainda ler por razões neurológicas, os sistemas funcionais responsáveis por tais funções cognitivas superiores podem estar disfuncionais pelo menos num elo da sua cadeia, ou, possivelmente, em mais do que um.

Esta perspectiva não se baseia numa abordagem lesional fixa ou imutável, mas sim numa *abordagem clínica dinâmica* susceptível de modificabilidade neurofuncional sustentada numa análise qualitativa da sua plasticidade.

De acordo com Luria (1975a, 1975b), o cérebro opera como um *organizador cognitivo complexo e superarticulado* em qualquer tipo de aprendizagem, tendo por fundamento o papel multicomponencial do processamento de informação, consistindo o seu trabalho em múltiplas interações neurofuncionais e sistêmicas abrangendo várias áreas do cérebro.

Esquematicamente, Luria confere a tais áreas funções específicas, cada uma delas participando, como vimos, em diversos sistemas funcionais, dependendo da experiência de aprendizagem peculiar do indivíduo e do seu contexto sócio-histórico de mediatização (FONSECA, 1996a).

Luria divide o cérebro humano em três unidades básicas:

- 1ª unidade, de alerta e atenção;

- 2ª unidade, de recepção, integração, codificação e processamento sensorial;

- 3ª unidade, de execução motora, planificação e avaliação.

Cada uma destas unidades está envolvida em todos os tipos de comportamento e de aprendizagem, sem excepção; todavia, a relatividade da contribuição de cada uma delas varia conforme o comportamento considerado, isto é, verbal ou não verbal, simbólico ou não simbólico, linguístico ou práxico, etc. A 2ª e 3ª unidades são igualmente subdivididas em mais áreas distintas. Vejamos de forma necessariamente reduzida as funções principais de cada uma das unidades.

1ª unidade, de alerta e de atenção

Localizada nas estruturas subcorticais e axiais do cérebro que suportam os dois hemisférios, integra o *sistema de ativação reticular ascendente* (*SARA*) e um conjunto difuso e interligado de estruturas, que são responsáveis pela modelação do alerta cortical, pelas funções de sobrevivência, pela vigilância tônico-postural (embora esta função não seja referida por Luria) e pela filtragem e integração dos *inputs* sensoriais.

Esta unidade compreende a *medula*, o *tronco cerebral*, o *cerebelo* (embora Luria escape à descrição deste sistema funcional), o *sistema límbico* e o *tálamo*, sem ela o cérebro é incapaz de responder aos estímulos do mundo envolvente, pondo em risco não só a interação corpo-cérebro (dita intrassomática), como igualmente a interação sensório-motora do organismo total do indivíduo com os seus ecossistemas (dita extrassomática).

As desordens desta unidade podem incluir a narcolepsia, a insônia, etc., bem como podem explicar vários casos de desordens de atenção, de hiperatividade e de hipoatividade em muitas crianças com perturbações de desenvolvimento e de aprendizagem.

Por estar implicada na filtragem e na integração sensório-tônica básica, esta unidade impede que o cérebro seja inundado desnecessariamente com informação sensorial irrelevante que possa interferir negativamente com o processamento cognitivo mais elaborado, jogando, por esse fato, um papel fundamental na focagem e fixacional, e outras funções similares.

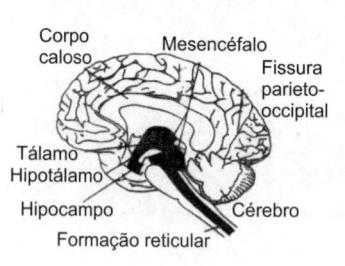

1ª unidade – Alerta e atenção
substrato = substância reticulada
e cerebelo

Corpo caloso
Mesencéfalo
Fissura parieto-occipital
Tálamo
Hipotálamo
Hipocampo
Cérebro
Formação reticular

• A função de alerta consiste na atividade que ocorre dentro do cérebro e que é responsável pela manutenção de um estado de vigilância.
• A atenção está interligada com o hipotálamo, que mantém o nível *optimo* do metabolismo fisiológico (exemplo: bem-estar, fadiga, motivação), componente crucial no desempenho de qualquer atividade.
• A mesma função está relacionada com o reflexo de orientação que emerge no confronto com um novo estímulo (sistema de alarme).
• A função de alerta, estreitamente relacionada com a atenção, gere o tônus postural e cortical, mas a atenção envolve a seletividade e a sustentação modulada das atividades cognitivas superiores.
• Alerta e atenção são funcionalmente interdependentes, selecionam, filtram, focalizam, alocam e refinam a integração de estímulos;
• A sua disfunção pode gerar hiperatividade, implicando problemas de processamento (percepção + memória) e de planificação.

2ª unidade, de recepção, integração, codificação e processamento sensorial

Trata-se da unidade que é responsável pela maioria das aprendizagens precoces, quer tônico-emocionais, quer posturo-motoras (quando envolvem as áreas 1^{a2}), e mais tarde pelas aprendizagens pré-escolares e escolares (quando envolvem as áreas 2ª e 3ª).

Ela é essencialmente constituída pelas zonas hemisféricas posteriores dos *lobos occipitais* (visão), *temporais* (audição) e *parietais* (táctilo-quinestésico) e composta por:

Áreas 1ª

As áreas 1ª são áreas de recepção sensorial que estão em estreita conexão com a periferia corporal e com os órgãos sensoriais (próprio e exteroceptivos), predeterminadas geneticamente e sem diferenciação hemisférica, cuja disfunção provoca a cegueira ou a surdez cortical, dado que representam o início da integração cortical.

Áreas 2ª

As áreas 2ª são áreas de análise, de síntese, de retenção e integração da informação intrassensorial específica, recebida nas áreas 1ª com base em processos *perceptivos sequenciais* já especializados hemisfericamente, onde se verifica a ocorrência de múltiplos processos de discriminação e identificação, de associação e categorização de dados intra e intersensoriais, para além de inúmeros subprocessa-

---

2. Por mais estranho que possa parecer, na divisão do cérebro humano se diz: áreas 1ª, áreas 2ª e áreas 3ª.

mentos acústicos do som (exemplo: timbre, ritmo, etc.), de fonemas e de monemas, para o caso do *sentido da audição*, ou de múltiplos e diversificados subprocessamentos do espaço (exemplo: locação, detecção, posição, orientação, lateralização, etc.), da coordenação visuomotora, da figura-fundo, da cor, da forma, da espessura, do tamanho, no caso do *sentido da visão*, ou ainda de complexos subprocessamentos das posturas e das práxias globais e finas, da análise, síntese e localização tátil e quinestésica do corpo e da sua integração emocional e experiencial de gestos e de ações espaçotemporalmente organizados, no caso de o *sentido táctilo-quinestésico* (FONSECA, 1992).

Tais funções tornam-se essenciais para fazer emergir a linguagem, onde os fonemas devem ser devidamente fragmentados e sequencialmente articulados para que se formem palavras e frases, ou fazer emergir o grafismo, onde os traços, os ângulos, as figuras, devem ser devidamente manipulados para fazer emergir a escrita.

As lesões que se verificarem nestas regiões vão obviamente interferir com a natureza sequencial da análise, daí resultando desordens de processamento ou de *reconhecimento de informação*, ora omitindo e substituindo dados, ora adicionando e distorcendo outros, desordens essas que apresentam um elevado grau de diferenciação intra e inter-hemisférica.

O *hemisfério esquerdo*, na maioria dos indivíduos, é mais vocacionado para o processamento e reconhecimento de informação verbal e simbólica, ou seja, mais analítica e localizacionalmente organizado, enquanto o *hemisfério direito* é mais predominantemente orientado para o processamento e reconhecimento da informação não verbal e não simbólica, espacial e musical, postural e facial, ou seja, é mais difusamente organizado, desenfocando a localização funcional, dado subsistirem redes funcionais que apresentam distintos mediadores químicos em ambos os hemisférios, sendo o direito mais precoce e holístico que o esquerdo na filogênese e ontogênese da aprendizagem, pondo em realce qual o papel de ambos os hemisférios no seu faseamento (FONSECA, 1996a, 1989b).

Independentemente desta especialização hemisférica fundamental, que ocorre sensivelmente por volta dos 7-8 anos de idade, os dois hemisférios atuam em perfeita harmonia e empatia funcional, havendo mesmo competências linguísticas que são mediadas pelo hemisfério direito, como no reconhecimento de palavras longas e complexas e como na percepção e retenção de sons consonânticos (LURIA, 1980a, 1980b, 1977a, 1977c), ao mesmo tempo que o hemisfério esquerdo também se encontra envolvido em processos de análise espacial, como, por exemplo, no reconhecimento de figuras familiares.

Em termos de resumo, para se atingir eficácia comportamental na aprendizagem, o que se passa é mais uma intrincada e coordenada interação inter-hemisférica, mediada pelo corpo caloso, do que uma mera divisão funcional entre os dois hemisférios.

Áreas 3ª

As áreas 3ª, essencialmente localizadas no lobo parietal de ambos os hemisférios, são áreas responsáveis pela integração sensorial crosso-modal, isto é, simultânea em oposição à integração sequencial característica das áreas 2ª.

Esta integração simultânea auditivo-visual ou visuo-auditiva, auditivo-táctilo-quinestésica, vísuo-táctilo-quinestésica ou visuoespacial completa a análise sequencial daquelas mesmas áreas, envolvendo *processos cognitivos de descodificação-codificação* necessários para a *leitura* (integração visuoauditiva ou ótico-fonética), a *escrita* (integração auditivo-táctilo-quinestésica para o ditado), a *aritmética* (integração visuotáctil e visuoquinestésica do corpo e da sua localização espacial básica), a gramática, a abstração, a análise lógica, a compreensão das preposições, a rotação

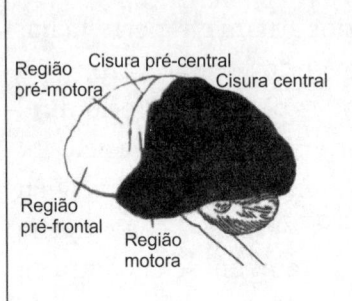

2ª unidade – Codificação
substrato = lobos occipital, temporal e parietal

Região pré-motora
Cisura pré-central
Cisura central
Região pré-frontal
Região motora

• O termo "codificação" refere-se à análise, à síntese, ao armazenamento e à recuperação da informação envolvendo a significação e a relação com a base de dados já integrada no cérebro.

• A informação é codificada de duas formas: simultânea e sucessiva (sequencial).

• O processamento simultâneo ocorre quando a informação é sintetizada em unidades espaciais ou relacionais, i.e., quando todas as partes surgem ao mesmo tempo (exemplo: figura/imagem). Em contrapartida, o processamento sucessivo ocorre quando a informação é fornecida numa unidade de cada vez (exemplo: número de telefone, ditado). Aqui o cérebro segura ativamente cada elemento até que todos os outros sejam apresentados, no fim do qual emerge o seu significado.

• Ambos os processos envolvem complexas desconstruções e reconstruções, e ambos estão envolvidos nas atividades cognitivas mais complexas (exemplo: leitura).

• O processamento da informação, quer no seu conteúdo (verbal/não verbal), quer nas suas *modalidades* (V + A + TQ), quer nos seus *níveis* (percepção + imagem + simbolização + conceptualização), requer a combinação sistêmica dos dois *tipos* de processamento (cognição = processo simultâneo + processo sucessivo).

espacial, a determinação e projeção angular, as exterognosias, etc., funções específicas das áreas 3ª, funções essas que, com algumas exceções, constituem a maioria dos testes de inteligência como o Wisc (WESCHLER, 1974).

Tratam-se, portanto, de funções cada vez mais com maior poder de especialização hemisférica, cuja disfunção sugere a taxonomia das dificuldades de aprendizagem (FONSECA, 1990a, 1987a), disnomias, disfasias, disartrias, no caso da linguagem falada, ou dislexias, disortografias, disgrafias, e seus subtipos, no caso da linguagem escrita.

3ª Unidade, de execução motora, planificação e avaliação

Compreende a unidade *output* motor do cérebro, consistindo no *lobo frontal*, que representa também o nível mais elaborado de desenvolvimento do cérebro humano, a central de comando donde partem as vias motoras piramidais fugais descendentes que se dirigem aos grupos musculares específicos, que concretizam, realizam e executam qualquer tipo de práxia: macro, micro, oro ou grafomotora.

É também estruturada em *áreas 1ª*, com as unidades motoras de *output*, onde a execução motora é desencadeada, em *áreas 2ª*, com centros de organização sequencial e temporal de condutas dependentes de retroinformações quinestésicas e proprioceptivas, donde surgem os centros de planificação, e, finalmente, em *áreas 3ª*, com centros de antecipação, de regulação, de desprogramação-reprogramação, de reaferência e retrocontrole emocional, de superfocagem da atenção, de flexibilidade e plasticidade, etc., que refletem a atividade cognitiva que antecede a ação ou conduta.

Todas as áreas desta unidade frontal, independentemente de um processo neuro-evolutivo idêntico às áreas da 2ª unidade, isto é, também evoluem da maturação das áreas motoras 1ª, passando sucessivamente às áreas 2ª e depois 3ª, onde efetivamente se culmina a sua organização funcional, funcionam interligadas e sistematicamente.

Para que a motricidade (como sinônima de conduta) humana ocorra de forma adequada, ou qualquer outra função psíquica superior, as três áreas contribuem de forma melódica para a sua *performance*. Dos músculos e das articulações devem chegar informações precisas (retroalimentações quinestésicas e proprioceptivas). Em suplemento, múltiplas conexões entre as áreas motoras 1ª e as áreas sensoriais táteis 1ª e 2ª devem ser mediadas pelos engramas motores e somatognósticos, a fim de alimentar a função de intencionalidade que governa o movimento voluntário. Em simultaneidade, entre estas áreas parietais e o cerebelo devem ocorrer igualmente sinergias neurofuncionais para fornecer ao movimento, ou à conduta, os suportes posturais e somatognósticos devidos.

Todas estas áreas interatuam ao nível comportamental de forma sistêmica total, de forma hierarquizada e equilibrada, de forma cibernética e em constante intercâmbio com o mundo exterior, exatamente porque 10% das células das áreas motoras 1ª frontais são táteis e, paralelamente, 20% das células das áreas 1ª táteis parietais são motoras (LURIA, 1980b). Esta *empatia funcional evolutiva*, entre células motoras frontais e células sensoriais parietais, ilustra a estreita conexão e coordenação neurológica, que está na base da organização funcional psíquica do movimento humano intencional, isto é, da conduta humana.

Dos *reflexos do movimento*, que caracterizam as respostas adaptativas do bebê, que envolvem preferencialmente as áreas motoras 1ª, à *reflexão do movimento* voluntário que caracteriza as respostas adaptativas práxicas do adulto, que envolvem preferencialmente as áreas motoras 3ª, ditas pré-frontais, operam-se as mais elevadas formas de organização da motricidade humana, quer no plano filogenético, quer ontogenético.

Nas *áreas pré-frontais*, também designadas psicomotoras, emergem as funções de planificação, de suporte à decisão (*decision making*), de avaliação, de continuidade temporal, de controle emocional, de controle inibitório, de atraso e distância interiorizada, de gratificação adiada, de atenção voluntária, de criatividade, etc.

A função de *planificação antecipada da "performance"* motora ou linguística é obviamente responsável pela evolução humana e pela evolução dos processos de aprendizagem. Porque os lobos frontais recebem informações das áreas 2ª e 3ª sensoriais da 2ª unidade funcional posterior do cérebro, assim como recebem informações do sistema límbico, do tronco cerebral e do cerebelo da 1ª unidade funcional axial do cérebro, os seus sistemas funcionais, ao analisarem esta informação multifacetada, dispõem das condições necessárias para planificar a resposta terminal, perfeita e racionalmente adequada às mudanças envolvimentais, às exigências do *input* sensorial e às experiências passadas e acumuladas.

Não se trata de uma motricidade impulsiva, como se observa no animal ou na criança, por analogia, ao contrário, a *praxia ou conduta* exclusiva da espécie humana envolve uma planificação de longo termo, por isso intencional, ini-

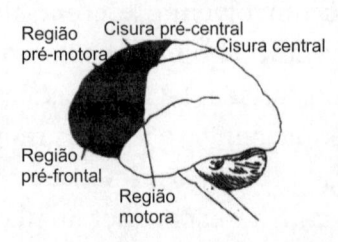

3ª unidade – Planificação

substrato = lobo frontal

Região pré-motora
Cisura pré-central
Cisura central
Região pré-frontal
Região motora

• O termo "planificação" envolve o desenvolvimento de uma sequência de ações ou uma série de manobras e procedimentos para atingir um fim (objetivo → fim).

• A planificação põe em marcha um sistema de organização que inclui estratégias, metaplanos e programas de elaboração, regulação, execução, controle e monitorização de ações com validade ecológica, i.e., resolução de problemas com soluções adaptadas.

• Implica cinco dimensões: 1) identificar a ação desejada; 2) sequencializar procedimentos; 3) recuperar dados relevantes; 4) alocar recursos cognitivos; 5) decidir e executar.

• Recorre a uma internalização verbal autocontrolada, uma atenção voluntária construída, testada e refinada.

• Trata-se de uma cognição da cognição (metacognição), pondo em jogo uma tomada de consciência.

bida e regulada. Trata-se de uma psicomotricidade contextualizada cultural e evolutivamente, e não de uma mera motricidade impulsiva, biologicamente predeterminada.

Sendo a unidade funcional que mais tarde é desenvolvida em termos neurológicos, ela integra, por inerência, a 2ª e a 1ª unidades, mais precocemente desenvolvidas. Consequentemente, ela guia e orienta hierarquicamente as áreas subcorticais, permitindo a sua modelação consciente e atencional. Dotada desta arquitetura cibernética complexa, a 3ª unidade frontal avalia se a família de procedimentos de planificação-execução é consentânea com objetivos de longo termo e se a monitorização dos fins está ou não sendo assegurada. Pôr em prática planos representa uma função crucial dos lobos frontais, tornando a ação (práxia e linguagem) vicária do pensamento.

O cérebro, como *órgão da civilização* (VYGOTSKY, 1986, 1979a, 1979b) e como *órgão da aprendizagem* (LURIA, 1990, 1980b), transforma precocemente a ação em pensamento e, posteriormente, o pensamento em ação; tal circularidade e anel funcional garantiu à espécie humana um processo evolutivo e maturativo sem paralelo na natureza, consubstanciando a função principal dos lobos frontais na produção de comportamentos ou condutas superiores.

Em síntese, para diferenciarmos a maturidade da imaturidade dos lobos frontais, teremos que equacionar não só a natureza dos défices como a natureza da aprendizagem e da mediatização, pois só aguardando pela adolescência podemos inferir, ou clarificar, o verdadeiro potencial de modificabilidade que se observa na infância.

Desta forma, o *diagnóstico psicopedagógico* ganha outra dimensão antropológica e educacional, não pode apenas apresentar indícios etários classificativos, mas tem de se centrar em dimensões dinâmicas mais prescritivas e prospectivas (LIDZ, 1987).

Tendo em consideração a arquitetura da organização funcional do cérebro, o desenvolvimento neuropsicológico em Luria parte da noção que na criança o processo maturacional é substancial e qualitativamente diferente quando comparado com o adulto, onde neste todas estas unidades são supostas funcionarem integralmente (CHRISTENSEN, 1979).

Na criança as aquisições decorrentes da aprendizagem numa dada idade vão sendo adquiridas e integradas sequencialmente num processo evolutivo longo desde a imaturidade, passando pela desmaturidade, até atingir a maturidade neuropsicológica, processo de mudança e de desenvolvimento extremamente complexo e articulado entre as três unidades funcionais, mas obviamente contextualizado na multiplicidade e qualidade interativa dos ecossistemas sociais (micro-meso-exo-macro), que atuam, ora sequencialmente, ora simultaneamente no seu processo de desenvolvimento multicomponencial, multiexperiencial e multicontextual (BRONFENBRENNER, 1977).

Por esse fato a criança não pode ser considerada deficiente motora aos 8 meses por não andar, nem ser considerada afásica aos 12 meses por não falar. O desenvolvimento neurológico e concomitantes sistemas funcionais surgem só quando interagem com um envolvimento apropriado e com adequados requisitos de mediatização (FONSECA, 1996a). Se uma criança for criada com indivíduos que não falam e não a mediatizam simbolicamente, ela nunca aprenderá a falar – paradigma das crianças selvagens (exemplo: caso Genie – CURTIS, 1977).

O *desenvolvimento neurológico* é o produto final de vários fatores: mielinização, crescimento axodendrítico, crescimento dos corpos celulares, sinaptogênese, estabelecimento de circuitos interneuronais e muitos outros eventos bioquímicos.

Substratos neurológicos intactos e envolvimento ecológico facilitador interagem reciprocamente para que as formas transientes ou sequenciais do comportamento possam surgir de acordo com uma hierarquia pré-estruturada. Sem experiências de aprendizagem mediatizadas (FEUERSTEIN et al., 1987) as habilidades não emergem, pois não basta que a maturação neurológica ocorra de acordo com a lógica temporal, é crucial que se observe um processo intencional de interação social e mediatizadora entre indivíduos experientes e inexperientes (VYGOTSKY, 1986).

Luria (1990, 1980b, 1975a) sugere, dentro do contexto do desenvolvimento neuropsicológico, cinco estádios evolutivos fundamentais, organizados vertical e ascendentemente, para compreender a ontogênese da aprendizagem:

1) Desenvolvimento da unidade de vigilância;

2) Desenvolvimento das áreas motoras e sensoriais primárias;

3) Desenvolvimento das áreas motoras e sensoriais secundárias;

4) Desenvolvimento das áreas sensoriais terciárias de *input* (lóbulo parietal);

5) Desenvolvimento das áreas de planificação e de *output* terciárias (lóbulos pré-frontais).

Desenvolvimento dos sistemas funcionais (segundo Luria)

Estádios	Sistema funcional	Área cerebral	Idade
1	Unidade de vigilância (*atenção*)	Substância reticulada tronco-cerebral	0-12 meses
2	Áreas motoras e sensoriais 1ª (*integração*)	Áreas calcarina, superior temporal, pré e pós-rolândica	0-12 meses
3	Áreas motoras e sensoriais 2ª (*processamento*)	Periestriada, parietal, temporal e pré-motora	0-5 anos
4	Áreas sensoriais 3ª (*elaboração*)	Lobos parietais	5-8 anos
5	Áreas motoras 3ª (*qualificação*)	Lobos pré-frontais	12-24 anos

Como podemos apreciar, naturalmente de forma esquemática, pelo quadro acima, as áreas terciárias frontais ilustram o estádio terminal do desenvolvimento neuropsicológico, que ocorre sensivelmente entre os 10 e os 20 anos, entre a puberdade e a idade adulta, onde muitos dos comportamentos superiores se desenvolvem e alicerçam.

A inibição da impulsividade de respostas distráteis e emocionalmente desreguladas, a organização antecipada e planificada das condutas, a antevisão de vários cenários, a dialética da avaliação das vantagens e inconvenientes das situações, a amplitude do campo mental, a capacidade em considerar as várias facetas de um problema, a seleção precisa de dados, a indução e educação de relações, o recurso à evidência lógica, a aplicação de procedimentos de raciocínio inferencial, a projeção de relações virtuais, a adoção de diversas estratégias cognitivas e metacognitivas de resolução de problemas, o controle moral e ético das condutas e dos projetos etc., passam a fazer parte do *patrimônio cognitivo* do indivíduo. O seu potencial para aprender a aprender está assim constituído para um percurso de criatividade vocacional e profissional contínuos.

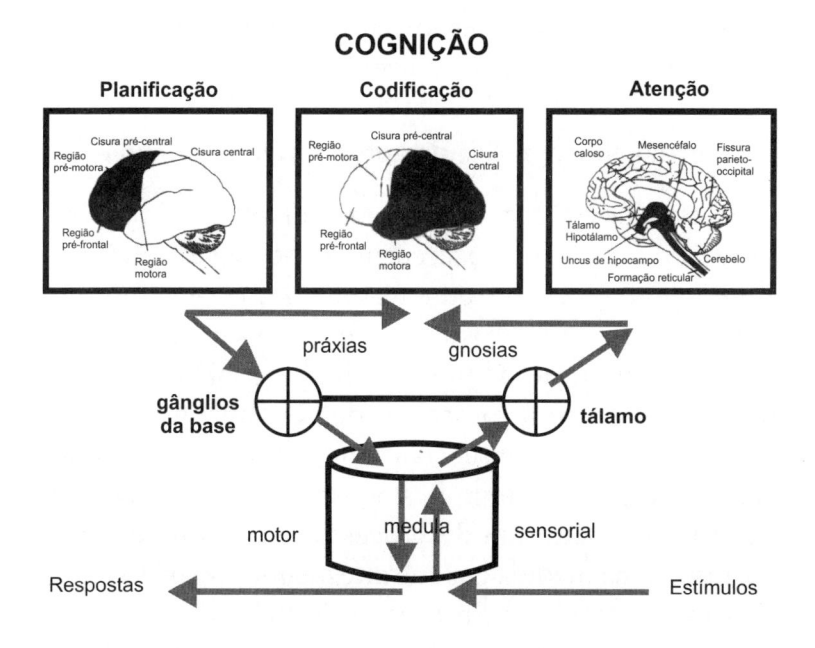

A compreensão da organização neuropsicológica da cognição, com base em Luria, torna-se assim um paradigma fundamental da educação e da reabilitação. Com a *educação cognitiva* o seu objetivo deve visar a otimização máxima possível do potencial de aprendizagem de estudantes com rendimento normal ou superior. Com a *reabilitação cognitiva*, a finalidade da sua intervenção pode visar a compensação e o enriquecimento do potencial habilitativo de indivíduos portadores de desigualdades sociais, de dificuldades, perturbações, transtornos e desordens psicológicas de aprendizagem ou mesmo dirigida para indivíduos portadores de necessidades especiais e deficiências biológicas.

Uma abordagem cognitiva à aprendizagem constitui, portanto, um novo desafio aos sistemas que têm a responsabilidade social de desenvolver os recursos humanos em qualquer idade, condição ou contexto.

3. Abordagem cognitiva da aprendizagem humana

A abordagem cognitiva da aprendizagem humana resulta da fusão da psicologia cognitiva e da neuropsicologia experimental, cuja introdução sumarizada tentamos desenhar nos dois números anteriores, para além de integrar dados de investigação transdisciplinares sobre a cognição, ou melhor, sobre os processos de pensamento e de conhecimento que a consubstanciam. É óbvio que qualquer aprendizagem não simbólica ou simbólica envolve uma complexa arquitetura de processos e subcomponentes cognitivos, na medida em que integra uma organização articulada e integrada de processos de atenção e vigilância, de processos de integração e retenção, de processamentos sequenciais e simultâneos de dados multimodais e de procedimentos de planificação e expressão da informação, como acabamos de ver.

Compreendendo como tais processos evoluem e se inter-relacionam sistemicamente no cérebro, estaremos certamente mais próximos do que são efetivamente as funções (aqui significando também capacidades, habilidades ou competências) cognitivas da aprendizagem, podendo, por esse meio, identificar os obstáculos que a bloqueiam ou prevenir as disfunções ou dificuldades (ou descapacidades) que a impedem de florescer.

O que ocorre no cérebro em termos de aprendizagem, apesar de não haver ainda possibilidades de o determinar exatamente, nem de o observar simplesmente, constitui um *processo cognitivo total* que lhe dá suporte. Desde os processos de atenção e memória, sem os quais a aprendizagem não seria possível, aos processos transientes perceptivos, imagéticos, simbólicos e conceptuais (FONSECA, 1996a, 1987a), passando pela resolução de problemas, até à expressão de informação e sua concomitante prestação comportamental, o que exige a rechamada e a recuperação da mesma, para além da sua fluência melódica, a sua metassincronização e a sua metacoordenação, todos eles, no seu conjunto, ilustram necessariamente a eficácia ou ineficácia das diferentes *competências cognitivas* (*cognitive skills*) que a suportam.

Como é inviável penetrar no cérebro, só observando como ele capta, extrai, integra, armazena, combina, elabora, planifica e comunica informação podemos antever se a aprendizagem ocorreu ou não. Todos estes fatores da *performance*, prestação ou desempenho intelectual constituem os processos básicos da aprendizagem, processos esses que Sternberg (1998, 1982, 1977) distingue em cinco componentes fundamentais da inteligência: *componentes de aquisição, componentes de retenção, componentes de transferência, metacomponentes de controle* (envolvendo planificação e decisão) e *componentes de desempenho.*

Seguindo o mesmo autor, as componentes que compõem a natureza da inteligência, consideradas como processos que operam sobre representações internas de eventos, de objetos e de símbolos, revelam na sua interligação dinâmica o desenvolvimento cognitivo. Na sua retrocircularidade permanente e contínua está o segredo da construção e coconstrução do conhecimento.

O desenvolvimento cognitivo é, portanto, segundo o mesmo autor, metacomponencial, metaexperiencial e metacontextual (STENBERG, 1982, 1979), revelando a inteligência como um conjunto ou coleção de competências cognitivas que podem ser diagnosticadas e ensinadas separadamente, isto é, encerra um paradigma conceptual que a relaciona com o conhecimento e a cultura. Conceber a inteligência sem a inter-relacionar com o conhecimento e a cultura é concebê-la de forma incorreta, na medida em que ela depende da informação que foi armazenada na cabeça do indivíduo e da eficácia dos processos que o mesmo utiliza para a aplicar, daí reconhecer-se que a evidência de certas habilidades cognitivas seja considerada em umas culturas mas não em outras.

Para muitos autores como Haywood (1992, 1982), Feuerstein (1989, 1987, 1985), Das et al. (1994, 1979), as *dificuldades de aprendizagem* podem surgir de várias causas: baixo quociente intelectual (QI), fracos hábitos de estudo, autoconceito negativo, fraca atitude, conflitos emocionais, ensino pobre ou dispedagogia, falta de motivação, ou *desenvolvimento inadequado de processos cognitivos* que viabilizam a aprendizagem.

Os diversos subtipos de dificuldades de aprendizagem emergem na maioria dos casos dos sistemas cognitivos que temos vindo a estudar: compreendendo-os, podemos, por um lado, redesenvolvê-los e, por outro, treiná-los no sentido de as prevenir.

Com base na perspectiva de Das (1998, 1966), a aprendizagem envolve uma integridade neurobiológica e um contexto sociocultural facilitador, ou seja, um processo equilibrado e mutuamente influenciado entre a hereditariedade e o meio ou entre o organismo e – o seu envolvimento. No primeiro fator temos a respeitar a sinergia sistêmica e interiorizada dos processos cognitivos de planificação, atenção, sequencialização e simultaneização da informação, a que o mesmo autor designou *teoria PASS da inteligência* (DAS et al., 1994, 1979). No segundo fator, o recurso a estratégias de aprendizagem mediatizada e a aplicação de modelos de interação intencional, transcendente e significativa entre indivíduos experientes e inexperientes (VYGOTSKY, 1986, 1979a, 1979b, FEUERSTEIN, 1980; FONSECA, 1996a) visa alterar radical e exteriorizadamente as operações mentais que materializam a transmissão intergeracional da cultura e dos seus valores, da continuidade da humanidade e, em certa medida, de um modelo de organização da realidade. Neste sentido mais vasto, a cultura acaba por ser tributária das funções cognitivas a que o ser humano ascendeu e pode vir a ascender.

O ser humano, como ser aprendente, acaba por se transformar no produto das interações interiores e exteriores que realiza com os outros seres humanos, ou seja, com a sociedade no seu todo. Os outros (exemplo: mãe, pai, familiares, educadores, professores, terapeutas, mediatizadores, etc.), como agentes exteriores ao corpo e ao cérebro do indivíduo, são progressivamente interiorizados pelas suas atividades de mediatização que permitem criar a sua própria autoconsciência.

Aprender envolve a simultaneidade da integridade neurobiológica e a presença de um contexto social facilitador.

No primeiro aspecto temos que considerar a sinergia sistêmica dos processos cognitivos que estamos nos referindo; no segundo aspecto temos que considerar uma prática continuada e mediatizada, o que implica uma verdadeira *síntese psicopedagógica* para conceptualizar a aprendizagem humana, como evocou Vygotsky (1986, 1962).

Psicológica, porque envolve processos de atenção, de codificação, de planificação e de expressão, subentendendo uma estrutura mental funcional e uma organização neuronal plástica, e *pedagógica* porque envolve a aplicação de estratégias de interação e mediatização sociocultural visando a promoção de automatismos cognitivos precisos e a sua mestria e modificabilidade prospectiva.

Tendo decorrido dos estudos da *memória*, a cognição não se pode entender sem a sua fenomenologia. Em termos elementares, a memória compreende a capacidade de relembrar e de recuperar a informação integrada e aprendida, capacidade essa inespecífica, cuja delimitação nas áreas do cérebro, não sendo tão clara como as da linguagem, é deveras difícil de determinar em termos de localização.

A memória, inequivocamente uma função cerebral complexa crucial para a aprendizagem (quem esquece desaprende), e que é ainda um "quebra-cabeças" de muitas peças para as neurociências, encontra-se distribuída por várias partes do cérebro, envolvendo complicados códigos eletroquímicos (ditos *engramas*). Como processo, desencadeia um conjunto de mudanças nas estruturas neuronais, desde árvores ou espinhas dendríticas até às modificações que se operam ao nível das sinopses, cuja proximidade evoca o surgimento de padrões de comunicação entre os neurônios. São essas ligações (*links*) que espelham o processo cognitivo da memória e, consequentemente, da aprendizagem.

As estruturas do cérebro que produzem a memória em Pribram (1986) têm de ser usadas para que provoquem o aparecimento de padrões complexos e não o surgimento de meras estimulações localizadas, funcionando mais como uma espécie de *hologramas*, imagens que refrescam recoleções de informação e que evocam significações.

Por exemplo, quando pensamos na palavra "gato", de imediato parece que "vemos" o gato na nossa "mente visual", podendo inclusivamente pensar em diversas raças de gato, rechamando essas imagens, porque se operou uma atividade eletroquímica no cérebro. Parecendo reais essas imagens, devido à produção de tal atividade, são elas hipoteticamente que se transformam em pensamento e em conhecimento.

Embora não sendo atualmente possível compreender como tal transformação é possível (ASHMAN & CONWAY, 1997), os vários modelos de memória que têm sido apresentados por insignes investigadores levaram-nos a considerar unanimemente a memória como multidimensional e multifacetada. Anderson (1995a, 1995b) sugere neste contexto um *modelo de memória* que integra uma dimensão de temporalidade ativa. Segundo estes autores, a informação tem que ser recebida ou melhor captada pelo corpo da pessoa nas suas diferentes modalidades sensoriais (exemplo: intero, próprio e exteroceptores) e posteriormente filtrada e projetada nos analisadores sensoriais corticais (áreas sensoriais primárias corticais).

Esta primeira impressão ocorrida em milissegundos discrimina dados de informação relevantes dos irrelevantes, integrando ou incluindo uns e excluindo outros, porque ambos coexistem simultaneamente. É nesta dimensão temporal que se dá uma espécie de *armazenamento de curto termo* (*short-term store*), fixando ou focando ativamente a informação por cerca de cinco a trinta segundos. Só após esta componente de retenção a dita informação passa a um nível mais elaborado e emocionalmente mais integrado de armazenamento, ou seja, a *memória de longo termo*, onde ela pode ser rechamada posteriormente, minutos, semanas, meses ou anos mais tarde.

Em qualquer dos níveis de memória a informação pode-se perder, afetando consequentemente a aprendizagem. Quanto mais importante e significativa a informação retida for para uma pessoa, mais solidamente essa informação pode ser reutilizada. Neste processo de retenção da informação, a profundidade da atividade cognitiva e do processamento posto em prática influencia obviamente a capacidade da sua recuperação e mobilização.

Como a informação foi processada pelo indivíduo e como ela foi cognitiva e emocionalmente ativada, mediatizada, controlada e regulada, determina a qualidade das funções da memória. Sistemas passivos, desregulados, esporádicos e episódicos de retenção de informação têm sido substantivamente identificados em indivíduos portadores de dificuldades de aprendizagem e de atraso mental (ANDERSON, 1995b), demonstrando o papel da memória no processo cognitivo e nos processos de generalização e de transferência proximal e distal, daí a importância da treinabilidade e educabilidade de estratégias de memória e metamemória (*estratégias mnemônicas*: visualizar, imaginar, verbalizar, categorizar, etc.) para a promoção do potencial de aprendizagem, um dos objetivos fundamentais dos vários programas de educação cognitiva (HAYWOOD & TZURIEL, 1992; DAS et al., 1994; FEUERSTEIN & RAND, 1977; COVINGTON, 1966; BRUNER, 1963, 1956).

Os estudos de memória efetuados, quer em animais, quer em humanos, tornam-se assim fundamentais para compreensão dos processos cognitivos que ocorrem no cérebro; o desenvolvimento de modelos de memória conduziram-nos a uma melhor explicação sobre o seu papel, como uma componente cognitiva imprescindível para a emergência de processos de aprendizagem ao lado de outras, como, por exemplo, a atenção, o processamento e a planificação. Criamos conhecimento a partir das nossas experiências anteriores, formulamos planos para lidar com as exigências das tarefas com que nos confrontamos e, em seguida, decidimos qual a resposta a produzir.

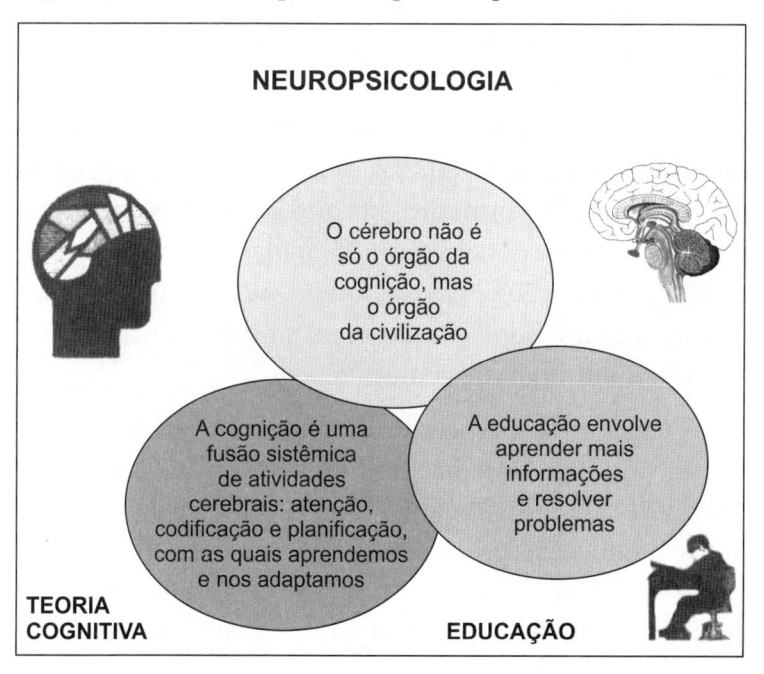

A prática educativa não pode portanto ser alheia ao *papel da teoria da cognição e da neuropsicologia*, na medida em que ela envolve a aprendizagem de novas informações e a promoção da resolução de problemas. Ambas nos ajudam a compreender a complexidade da aprendizagem, especialmente quando consideramos a integração do conhecimento existente ou a construção, coconstrução e utilização de um novo.

Tentamos ao longo deste ensaio introdutório perceber que a cognição não se resume à simples adição da atenção, da memória, da codificação e da planificação da informação, mas antes à fusão multicomponencial e multicontextual de funções cerebrais, e tentamos, igualmente, apresentar *a aprendizagem como um imenso e complexo evento neurológico*.

O ensino de competências cognitivas ou o seu enriquecimento não deve continuar a ser ignorado pelo sistema de ensino, ora assumindo que tais competências não podem ser ensinadas, ora assumindo que elas não precisam de ser ensinadas. Ambas as assunções estão profundamente erradas: primeiro, porque as funções cognitivas de nível superior podem ser melhoradas e treinadas, e, segundo, porque não se deve assumir que elas emergem automaticamente por maturação, ou simplesmente por desenvolvimento neuropsicológico.

A capacidade de pensar ou de raciocinar não é inata, as funções cognitivas não se desenvolvem se não forem objeto de treino sistemático e de mediatização contínua desde a educação pré-escolar até à universidade. A educação não deve apenas restringir-se ao fornecimento de grande quantidade de informação. A gênese do insucesso escolar talvez tenha a sua razão nesta assunção (FONSECA, 1999, 1987a).

Os que têm inteligência para assimilar, rememorizar e utilizar a informação têm o sucesso garantido, com bons ou maus métodos, currículos ou professores; os que a não desenvolveram ou não dispõem de funções cognitivas minimamente trabalhadas têm estado irremediavelmente condenados pelo sistema de ensino. A exposição direta à informação não é suficiente para desenvolver a capacidade de pensar e de aprender a aprender, o objetivo da educação seria melhor entendido se os estudantes fossem expostos ao tipo de informação que efetivamente podem assimilar e utilizar, tendo em atenção os seus atributos cognitivos peculiares e invulgares, respeitando o seu potencial de aprendizagem e promovendo a *propensibilidade da sua modificabilidade*.

Desenvolver o potencial de aprendizagem com programas de enriquecimento cognitivo não é uma futilidade, na medida em que o potencial não se desenvolve no *vacuum*, nem apenas por instrução convencional; para que ele se desenvolva é preciso que seja estimulado e treinado intencionalmente.

A *virtuosidade cognitiva*, como a desportiva ou artística, tem de ser treinada ao longo de muitos anos, pois não basta a sua predisposição inata como condição humana intrínseca, a virtuosidade não pertence só aos gênios. O tempo que a escola dedica ao desenvolvimento do potencial cognitivo dos estudantes é diminuto, para não dizer nulo.

Sem prática e sem treinabilidade, a virtualidade de qualquer das inteligências humanas (GARDNER, 1998,

1985) não encontra a quantidade e a qualidade de experiências para se maximizar ou optimizar. O objetivo da educação não deve ser, portanto, ensinar a pensar ou promover competências cognitivas em oposição a ensinar conteúdos, mas sim ensinar a aprender a aprender como complemento do ensino de matérias ou disciplinas, dotando os estudantes com pré-requisitos cognitivos que lhes permitam aprender com mais eficácia no futuro.

A escola do futuro deve privilegiar no treino cognitivo não só formas de pensamento analítico, dedutivo, rigoroso, convergente, formal e crítico, como formas de pensamento sintético, indutivo, expansivo, divergente, concreto e criativo, interligando-as de forma harmoniosa.

A escola deve ensinar funções cognitivas que estão na base de todas as aprendizagens, simbólicas ou não: As funções cognitivas podem ser aprendidas? Com um ensino adequado e devidamente mediatizado, com prática e treino, as funções ou competências cognitivas, como as psicomotoras, podem ser melhoradas e aperfeiçoadas, uma vez que todos os indivíduos possuem um potencial de aprendizagem para se desenvolver de forma mais eficaz do que efetivamente tem feito. Não se trata de uma conjectura falsa; os inúmeros dados de pesquisa na área da educabilidade cognitiva são extremamente encorajadores, eles ditam e recomendam que mais esforços devem ser conduzidos pela escola nesse sentido; se não tentarmos, o custo e o desperdício do potencial humano podem ser incalculáveis.

O processo educativo, em qualquer grau ou finalidade que seja encarado, envolve sempre a potencialização das *funções ou capacidades cognitivas*, pois são elas no seu todo que vão permitir ao indivíduo resolver problemas e equacionar as suas soluções adaptativas, bem como se constituem como pré-requisitos fundamentais à aquisição de novas informações sobre a natureza, a sociedade e a cultura onde vivemos.

A capacidade adaptativa a novas situações numa sociedade supersimbólica como é a atual, cada vez mais sujeita a mudanças contínuas e incertezas imprevisíveis, sugere que a *educabilidade cognitiva* seja uma componente prioritária e não acessória da educação, da (re)habilitação e da formação de recursos humanos, um capital intelectual futuro, que não pode ser negligenciado ou subutilizado, do qual depende o desenvolvimento integral dos indivíduos e das organizações.

2
Avaliação psicopedagógica dinâmica

1. Pressupostos filosóficos e culturais da avaliação psicopedagógica dinâmica

A avaliação psicopedagógica dinâmica (APPD), ao contrário da avaliação psicológica tradicional, normativa, classificativa e estandardizada, deve caracterizar-se por uma interação mais ativa, investida, consciente, deliberada e intencional entre os dois sujeitos da situação de observação, o *observador* e o *observado*, ou seja, deve ilustrar em concreto, e em definitivo, a reestruturação e a ressignificação do papel de quem assume a função de observar o objeto mais complexo de estudo – o ser humano em situação de interação, logo em situação de aprendizagem.

Trata-se de um processo de observação diferente do tradicional, quer se trate da observação dita psicológica ou clínica, quer pedagógica ou educacional, pondo em jogo um conjunto original de *estratégias de mediatização*, especificamente centradas, direcionadas e enfocadas para um verdadeiro *processo de aprendizagem*, e não apenas para um processo de pura testagem ou medição.

Para que este processo de mudança ocorra efetivamente na situação de observação ou de avaliação, considerando que a aprendizagem materializa obviamente um processo de modificabilidade de comportamentos e condutas, alguma *interação intencional* deve e tem de se verificar entre os dois sujeitos acima referidos, sendo essa interação mediatizada quando o *sujeito experiente*, neste caso o observador, exerce sobre o *inexperiente*, o observado, um ato de mediatização, tendo como finalidade prioritária a produção de mudanças no seu potencial de aprendizagem e de adaptação.

A *mediatização*, cujas raízes redundam nos contributos de grandes figuras filosóficas, como Hegel e Marx, caracteriza a atividade humana que visa satisfazer necessidades não imediatas, necessidades cuja satisfação decorre da atividade de outros seres humanos, como a que consubstancia a transmissão intergeracional da cultural, e, consequentemente, como a que reflete qualquer forma de aprendizagem humana (FONSECA, 1999, 1989a, 1989b).

Em termos antropológicos, para o ser humano não basta satisfazer as suas necessidades biológicas de sobrevivência; a partir delas, ou com base nelas, emergem outros tipos de necessidades mais transcendentes, como as de segurança, pertença, estima e autorrealização (MASLOW, 1954), consideradas psicoemocionais e psicoafetivas, bem como outras ainda mais distantes, denominadas psicossociais e socioculturais.

Para satisfazer esse conjunto de necessidades é necessário que se produzam *ferramentas e instrumentos extrabiológicos*, sendo essa atividade social que está na base da satisfação de necessidades individuais. Essa atividade emergida da interação entre os seres humanos, e impossível de se concretizar por um único ser humano, constitui a simultaneidade da transformação da natureza e da criação da cultura. Tal transformação, operada pela atividade dos seres humanos em geral, está na origem da cultura; por meio dela o ser humano acrescentou ao mundo natural um mundo civilizacional (FONSECA, 1999, 1989a, 1989b, 1987a).

Na cultura, e consequentemente na APPD, porque ela emana inequivocamente deste contexto matricial, os primados e os pressupostos do estudo do ser humano encerram paradigmas essenciais: o da *totalidade*, o do *monismo ontológico* e o da *modificabilidade*, tendo em consideração que ele é, na sua essência, o produto de interações que realiza com outros seres humanos, isto é, com a sociedade. Neste contexto, a APPD só pode efetuar-se quando tem em consideração esta *matriz* teórica, donde emergem outros tantos subparadigmas psicopedagógicos cruciais.

Os outros seres humanos são agentes exteriores ao próprio corpo de um dado ser humano e, devido às *interações mediatizadas* que estabelecem com ele, e que passam a ser *interiorizadas*, permitem consequentemente criar nele *a sua própria autoconsciência*.

A evolução do psiquismo em termos de espécie humana, tomando como referência Vygotsky (1986, 1979a, 1979b, 1978, 1962), só se pode conceber num contexto sócio-histórico. Para este grande vulto da psicologia, a origem do psiquismo não se pode esgotar naquilo a que chamou "uma ortodoxia biológica"; pelo contrário, a sua *perspectiva dialógica e dialética* procura situá-la na dinâmica interfuncional integrada entre *fatores externos socioculturais* e *fatores internos psicobiológicos*. Nesta perspectiva, o mesmo autor concebe a ontogênese e a disontogênese da criança (e, por analogia, a filogênese da espécie humana) em duas fases interligadas, a primeira *interindividual* de origem social, portanto, e que ocorre entre pessoas, e, a segunda, *intraindividual* de origem psicológica, que ocorre na pessoa da criança, consubstanciando nela a *internalização do processo cultural e histórico*. A sua concepção de psiquismo e de inteligência é uma visão teórica metapsicológica, rejeitando a ideia de um processo só decorrente ou proveniente do indivíduo. É óbvio que esta formulação conceptual e contextual de inteligência deve fazer parte do modelo teórico da APPD, uma vez que esta deverá caracterizar um processo de interação complexa entre o observador e o observado.

Por meio da *interação intencional* o mediador (exemplo: o observador), ao posicionar-se entre o mediatizado (exemplo: o observado) e a situação ou evento (exemplo: a tarefa ou tarefas da situação de observação), visa *produzir significações* para além das necessidades imediatas da mesma. A forma como o mediatizador transmite ou apresenta os estímulos, as situações ou os problemas (estratégias de mediatização – FEUERSTEIN, 1985, 1980, 1979; FONSECA, 1999, 1996b) e o diálogo construtivo e prospectivo que sustenta tendem a provocar, intencional, significativa e transcendentemente, no mediatizado, a modificação do estado atual com que ele lida habitualmente com tais fontes de informação.

Na cultura, e portanto na APPD, não é suficiente apresentar diretamente os estímulos e as situações ao mediatizado, na medida em que a aprendizagem daí emergente não se reduz a uma simples observação, a uma pura imitação ou a um restrito condicionamento.

Em termos culturais, e portanto na situação de APPD, não basta interagir diretamente com o meio exterior ou com as situações, é necessário que o mediatizador se coloque no *processo de aprendizagem interativo* (PAI) implícito à observação, alterando radicalmente o significado das interações postas em jogo entre o observador e o observado.

Ao selecionar, enfocar, orientar, analisar, mudar, ampliar, monitorizar e interpretar os estímulos (exemplo: sinais, imagens, objetos, símbolos, etc.), utilizando estratégias específicas, o observador assume a função de mediatizador, *humanizando a interação*, induzindo no observado, ou seja, no mediatizado, novos e renovados processos e procedimentos cognitivos para se relacionar e interagir com a informação em presença na situação de observação.

A informação assim mediatizada não é recebida passiva, fragmentada, assistemática, episódica ou difusamente no mediatizado; ao contrário, por efeito da interação intencional posta em prática pelo mediatizador, a informação passa a ser integrada de forma adequada, interiorizada e significativa, possibilitando a *integração da informação de forma mais clara e precisa*, possibilitando, por meio dessas estratégias, a aquisição do conhecimento de modo mais reflexivo e crítico.

É este sentido mais abrangente, quer da intervenção pedagógica, quer da avaliação psicológica, que Vygotsky (1986) denominou por *pedagogia* uma psicologia educacional, portanto mediatizacional, que explica e explicita o processo de aprendizagem do indivíduo inexperiente como o resultado de interações intencionais produzidas por outros seres humanos mais experientes.

Neste contexto superestrutural a APPD não pode ser desenhada e concebida sem os pressupostos da *"matriz" teórica da cultura* (portanto da mediatização), na medida em que a transmissão de valores e de tradições, o modelo de organização da realidade e a continuidade da humanidade e do seu processo histórico psicossocial só poderiam ser possíveis, e só são possíveis, pela mediatização. A interação implícita nesta mediatização é a base na qual o desenvolvimento da inteligência e do potencial de adaptação da espécie humana se operou ao longo dos tempos (FONSECA, 1989b).

Com base neste paradigma, a APPD tende a preocupar-se mais em fornecer dados significativos sobre a natureza e as causas das necessidades correntes do observado (o sujeito estudante ou aluno) e em *captar e extrair o máximo rendimento cognitivo* possível do seu potencial de aprendizagem (PA). Com recurso a uma pesquisa ou busca qualitativa, e não meramente quantitativa ou aritmética, de aptidões e capacidades, a APPD deve fundamentalmente *perspectivar recomendações* a partir do perfil cognitivo revelado na observação, com claras implicações pró-ativas para a instrução ou reeducação subsequente a implementar, quer seja na sala de aula, quer na sala de apoio.

Nesta ótica, a APPD rejeita a pura quantificação ou tabulação de *áreas fracas* ou de vulnerabilidades dos sujeitos observados, como fundamento único e exclusivo para os encaminhar para programas educacionais. Ao contrário, a APPD deve preocupar-se mais em diagnosticar as *áreas fortes* ou íntegras do observado, ao mesmo tempo que deve situar o nível optimal de *performance* e desempenho que ele é capaz de produzir.

Em síntese, a APPD procura oferecer um novo modelo alternativo de avaliação ou de observação, fornecendo uma nova *dimensão prescritiva, prospectiva e educacional da sua função*, dada a sua importância para a organização de serviços e de respostas às necessidades das crianças e jovens com baixo rendimento e incluídos no sistema escolar.

A APPD assim considerada não corre o risco de desaparecer da prática psicopedagógica, uma vez que o seu papel deixa de ser questionado ou desafiado (FAGAN & WISE, 1994), exatamente por *perda de sentido prescritivo ou prospectivo*. Se o ser humano deve ser perspectivado como ser propenso à modificabilidade, não há razão para obstinadamente defender uma avaliação ou observação que não assenta, nem acredita ou aposta, na perspectiva da mudança do seu potencial de aprendizagem, qualquer que seja a etiologia da sua dificuldade ou disfunção, a severidade da sua condição ou a idade em que se situa experientemente.

Abandonar a avaliação tradicional, por considerar o potencial de aprendizagem como fixo ou imutável [exemplo do quociente intelectual (QI)], e abraçar exclusivamente a função de consultoria não parece ser a solução. A avaliação tem virtualidades que não podem ser dispensadas na prática psicopedagógica, podendo continuar a *fornecer informação relevante* para a aprendizagem dos sujeitos observados, ela é desejável e necessária desde que se assuma como um processo dinâmico e prospectivo.

Com suporte nos pressupostos que temos vindo a abordar, a APPD pode *superar os laços ausentes, tímidos e tênues* que se têm verificado tradicionalmente entre o diagnóstico e a intervenção.

Não advogando a substituição pura e simples da avaliação estandardizada e normalizada pela avaliação dinâmica, uma vez que ambas são importantes, o que se sugere é alargar, e não reduzir, o repertório dos instrumentos de avaliação, porque todos são relevantes para satisfazer as crescentes e complexas exigências da aprendizagem, especialmente quando o público-alvo se caracteriza por necessidades invulgares ou dificuldades de aprendizagem.

Quem utiliza processos de APPD tem de se aprimorar em *captar e extrair dados do observado* que lhe permitam *implementar estratégias de resolução de problemas*, e não apenas constatar a evidência de obstáculos ou bloqueios que problematizam a sua aprendizagem.

A recolha de dados que encerra a APPD é diferente do teste psicométrico tradicional, porque este, embora seja um instrumento de predição, falha em ser um bom instrumento de diagnóstico, exatamente porque não perspectiva a solução de dificuldades ou problemas demonstrados pelo observado (HAYWOOD, 1992).

O principal objetivo do diagnóstico deve ser a avaliação do que o observado é capaz de fazer debaixo de circunstâncias pedagógicas adequadas e bem mediatizadas, e não a classificação ou tabulação do que ele aprendeu retrospectivamente até esse momento. A APPD exige o tratamento sistêmico de dados e a tomada coerente e profícua de decisões e não a utilização acrítica de procedimentos classificativos, muitas vezes idênticos para todo o tipo de casos (FONSECA, 1999b).

Quando se observam ou avaliam estudantes com baixo rendimento acadêmico ou escolar, e portadores de necessidades especiais ou invulgares, o desafio da avaliação psicopedagógica subentende o desenvolvimento de uma informação sobre os seus potenciais de aprendizagem e sobre a qualidade das suas funções cognitivas, que permitam, por um lado, a compreensão significativa da natureza e das causas das suas correntes dificuldades ou de capacidades e, por outro, a visualização das recomendações mais úteis que possam ter implicações positivas para a sua reeducação ou instrução mediatizada (LIDZ, 1997, 1991).

2. A APPD e a zona de desenvolvimento proximal

O grande desafio da APPD consiste em *conectar o diagnóstico com a intervenção*, relacionando a instrução com o conhecimento anterior e previamente adquirido pelo indivíduo (observado), isto é, o seu *nível de prontidão*, o seu *grau de desenvolvimento* e a *natureza dos seus instrumentos cognitivos*, e não desenhar situações de aprendizagem que perspectivem apenas o seu fracasso e o seu insucesso.

Com a APPD podemos apropriar-nos do *nível corrente de funcionamento* do observado (estudante) e do *nível de conhecimentos* que possui num dado domínio de conteúdo, ao mesmo tempo que se deve garantir e monitorizar as condições possíveis de êxito e de sucesso que ele apresenta em termos de *progressão na aprendizagem*.

A APPD torna-se assim uma ferramenta imprescindível para qualquer psicopedagogo, na medida em que se centra no funcionamento prospectivo do estudante e fornece informação fundamental para compreender como ele pode aprender mais e melhor no futuro.

A avaliação tradicional e normalizada perspectiva aquilo que Vygotsky (1986, 1962) definiu por *zona de desenvolvimento atual* (ZDA), ou seja, aquilo que o observado ou estudante pode fazer no momento atual do teste; em contraste, a APPD procura ir mais longe, ou seja, procura determinar aquilo que ele pode fazer com a ajuda de um colaborador (neste caso, o observador-mediatizador) mais experiente, isto é, atingir a *zona de desenvolvimento proximal* (ZDP).

A ZDP reflete a diferença entre o nível de *performance* do observado quando funciona independentemente e o nível de *performance* quando ele funciona em colaboração com um indivíduo mais experimentado ou conhecedor (neste caso, o observador). É neste pensamento vygotskiano que a APPD se inspira.

Sendo assim, a APPD define a ZDP como a zona onde decorre o nível de instrução e onde as situações de aprendizagem devem ser facilitadas e mediatizadas. Quando surge insucesso ou fracasso escolar ou no teste, tal poderá querer dizer que a instrução não está sendo desenvolvida ou conduzida dentro da ZDP do estudante, isto é, ela não está tendo em consideração o grau de interação necessário para produzir a modificabilidade na sua aprendizagem.

A ZDP surge como reflexo da interação entre o observador e o observado, ou entre o estudante e o professor; ela exige ter consciência não só do nível de funcionamento independente do estudante, como, simultaneamente, do nível de instrução.

Em vez de a tarefa de instrução ou de o teste de avaliação estarem acima do potencial de resposta do estudante ou do observado, gerando o insucesso, é antes necessário que o observador introduza estratégias de mediatização que possam reduzir a complexidade da mesma, ao mesmo tempo que se potencializam as *funções ou competências cognitivas* do ser aprendente para facilitar o seu sucesso nas tarefas.

O desafio para a instrução e para a situação de avaliação é mediatizar as tarefas de tal modo que se facilite o processo de modificabilidade no estudante e no observado, evitando sobrecarregá-lo ou submetê-lo a uma experiência frustracional que não conduz a nada de positivo no processo prospectivo de aprendizagem.

A tarefa da APPD envolve a *descoberta da competência* (*skills*) numa grande variedade de situações e o *recurso a um vasto repertório de decisões* com reflexo na *aplicação de um elevado número de estratégias habilitativas*.

A APPD deve *fornecer informação sobre a ZDP do observado* ou de ser aprendente, criando e explorando o seu funcionamento optimal a partir das interações introduzidas pelo observador. A natureza de tais interações deve ser posta em marcha visando promover no observado processos de desenvolvimento cognitivo e de processamento de informação que facilitem a ocorrência da modificabilidade da sua *performance*.

A APPD sugere assim um modelo de intervenção do tipo *pré-teste* → *intervenção-mediatização* → *pós-teste* (ou teste → intervenção-mediatização → reteste), ou seja, o observador na situação de avaliação dinâmica torna-se mais ativo, mais mediatizador, mais facilitador, mais orientado para introduzir no observado processos mentais de resolução de tarefas do que simplesmente assistir passivamente à emergência das obstruções ou à expressão do produto final requerido pelas mesmas.

O observador-mediatizador administra primeiro um pré-teste estático para estabelecer um nível de *performance* ou de prestação, depois introduz processos de intervenção mediatizada visando produzir mudanças no observado-mediatizado e, em seguida, retesta para se aperceber do grau e da natureza da modificabilidade. A mudança estimada deve ser então interpretada em termos de resposta à instrução, ou seja, à mediatização. O importante da APPD é definir e descrever as *variáveis de processo* que o observado assimilou durante a interação mediatizada, entre o observador e o observado. O enfoque primordial centra-se na modificabilidade experimentada pelo observado, não só em termos do grau da sua magnitude, mas também na evolução de processos cognitivos e meta-cognitivos que ele aplicou na solução das tarefas propostas. Se não se verificar a modificabilidade esperada, o inexato pode refletir dois tipos de motivos: por um lado, a resistência do observado ou, por outro, a inadequação da intervenção mediatizada.

A APPD implica, portanto, uma *dupla intersubjetividade* entre o observador e o observado, na medida em que o observador, ao interpretar as respostas do observado em função dos seus valores subjetivos e peculiares, faz simultaneamente parte do observado, exatamente porque ambos são sensíveis ao conjunto de estímulos em presença na situação de observação.

Nem o observador é um advogado de acusação, nem o observado é um réu, daí a importância da complexidade e da transcendência interativa da avaliação dinâmica. Nestes termos, a APPD constitui um *modelo clínico crítico* e multidimensional, cuja finalidade visa apreciar a qualidade dos processos cognitivos e sistêmicos do potencial de aprendizagem do observado. Compreende um *olhar clínico e semiológico* do potencial de aprendizagem do observado encarado como objeto científico, tendo como preocupação prioritária o apuramento do seu perfil cognitivo dinâmico. A APPD procura identificar o potencial cognitivo do indivíduo, e ao mesmo tempo procura detectar sinais disfuncionais ou obstáculos que possam ser um entrave ao seu desempenho.

Deste modo, a APPD serve não só para estimar o potencial de aprendizagem, como deve servir para prever a necessidade de uma intervenção susceptível de enriquecer e facilitar a emergência da sinergia melódica e sistêmica das funções cognitivas do sujeito observado, daí a sua relevância prescritiva em termos pedagógicos, podendo dessa forma constituir-se como um instrumento de apoio educacional de grande interesse para satisfazer as necessidades de muitos estudantes.

Partindo deste contexto mais abrangente, a APPD aproxima-se de várias metodologias de avaliação:

- Abordagem ao teste de aprendizagem (GUTHKE, 1992; HAMERS, 1993);

- Procedimentos de prontidão graduada (CAMPIONE & BROWN, 1987);

- Treino de procedimentos para testes (BUDOFF, 1987);

- Reestruturação dos dados em presença no teste (CARLSON & WIEDL, 1992);

- Indução de estruturas lógicas (PAOUR, 1992);

- Propensibilidade de aprendizagem (FEUERSTEIN, 1979; TZURIEL, 1989);

- Avaliação interativa (HAYWOOD, 1992; LIDZ, 1997, 1991, 1987).

As investigações desenvolvidas por estes autores têm demonstrado a relevância e a utilidade da APPD em muitos domínios, nomeadamente nos atrasos de linguagem, nos atrasos psicomotores, em minorias étnicas e bilíngues, nas dificuldades de aprendizagem, na educação pré-escolar, etc. O tipo de informação que se retira da APPD tem mais a ver com a *responsividade dos observados à mediatização, ao processo de ensino de instrumentos cog-*

nitivos e *à natureza, qualidade e intensidade da interação*, cujo objetivo visa fundamentalmente a facilitação das suas respostas e das suas soluções a tarefas de avaliação, do que a obtenção de resultados estandardizados ou normalizados que visam testar os limites de competência dos observados. A APPD legitima, deste modo, o papel da interação e da mediatização, como centra a sua avaliação exatamente nesse tipo de experiência intersubjetiva (LIDZ, 1997).

A informação recolhida da APPD enfoca-se na *facilitação da aprendizagem* e no *surgimento de competências cognitivas*, mais do que documentar a existência de sinais de risco, de bloqueio e de impedimento. Desta forma, a APPD adquire o estatuto de consultoria instrucional, ou seja, uma *avaliação alternativa à tradicional*, permitindo perspectivar o observado como um ser modificável e aprendente e, adicionalmente, como suporte de outros instrumentos de observação, oferece informação significativa mais diretamente ligada com o encaminhamento (re)educativo ou habilitativo (SPITZ, 1986; SHARRON, 1987).

A APPD, nessa medida, põe em prática *processos de ensino*, não das respostas aos testes, mas sim de ferramentas e instrumentos cognitivos e metacognitivos. Para produzir esse efeito modificabilizador a interação introduzida pelo observador deve caracterizar-se por um esforço deliberado, consciente e intencional para *produzir no observado mudanças substantivas* na sua *performance* (LIDZ, 1991; HAYWOOD & TZURIEL, 1992).

Como contraste, a *avaliação normativa e estandardizada*, não sendo completamente satisfatória e útil, porque não é uniformemente válida para diversos níveis de habilidade, diversos grupos etários ou diversos grupos étnicos, também não resolve os problemas intrínsecos de aprendizagem que lhe estão adstritos. Ela não sugere tampouco estratégias de intervenção visando a aprendizibilidade do sujeito observado.

Como avaliação psicológica, a avaliação estandardizada define-se como *não pedagógica*, na medida em que o seu fim principal é essencialmente classificar (HAYWOOD, 1992). A avaliação normativa é consequentemente estática, porque é inferencial no sentido de ela utilizar amostras de comportamento para inferir sobre a existência de um nível de funcionamento e de desenvolvimento intelectual que é inobservável, exatamente porque a inteligência se define como uma variável latente, oculta e dissimulada.

Os sujeitos observados diferem uns dos outros, quer no nível, quer no padrão, quer no seu estilo de inteligência, embora os testes de inteligência só possam classificar pessoas como mais ou menos inteligentes em relação umas às outras e como diferentemente caracterizadas em padrões de habilidades, sejam elas verbais ou de *performance*.

Sendo o principal uso dos testes estandardizados a *inferência estática* de classificações ou de encaminhamentos categorizativos de limitada validade pedagógica, eles correm ainda o risco de produzir *prognósticos litânicos* e *expectativas negativas*.

A prática de testes normalizados tende a assumir, quanto a nós erradamente, que todos os estudantes observados de uma dada categoria taxonômica têm as mesmas características e necessidades, e por esse fato induzem que os mesmos sejam "tratados" psicopedagogicamente de igual modo. Muitos professores sabem e testemunham com elevada frequência que dois estudantes com o mesmo QI, com a mesma idade e sexo são efetivamente diferentes e apresentam desempenhos acadêmicos muito distintos entre si, para além de exigirem processos de ensino nitidamente diferentes e individualizados para que possam aprender com mais eficácia.

O QI, como variável manifestada no teste, não reflete perfeitamente a inteligência, ou seja, não identifica as funções cognitivas que lhe são latentes ou intrínsecas, o que é uma limitação considerável em termos educacionais e mesmo éticos ou filosóficos (BRUNER, 1963, 1956).

As *limitações da avaliação estandardizada* podem caracterizar-se nos seguintes parâmetros:

- Centra-se habitualmente no produto final e não no processo da atividade intelectual;

- Reforça o inêxito, especificando o seu limite antes de continuar a observação;

- Não é permitido introduzir tarefas mais simples para que o observado obtenha sucesso ou êxito na realização das tarefas;

- Define o atraso, o desvio ou a insuficiência do rendimento, em vez de caracterizar e estimar o potencial – como não se vê, é proibido medi-lo;

- Sugere conclusões finitas e precipitadas sobre o que é normal e desviante;

- É muito dependente de fatores socioculturais;

- Serve objetivos errados de predição e de classificação;

- Pressupõe que a avaliação num dado momento se mantém fixa ao longo do tempo;

- Baseia-se em habilidades estáticas, o que é falso;

- Não leva à prescrição, apesar de algumas tentativas tímidas;

- Não identifica obstáculos ao potencial, o que não é útil em termos de intervenção.

A avaliação estandardizada utilizada como único critério de encaminhamento é pelo menos questionável, na medida em que não são os testes que observam, mas sim pessoas com estatuto de observadores ou de avaliadores. Os testes estandardizados não podem ser os *vilões de encaminhamentos educacionais impróprios*, nem a sua validade preditiva pode ser endeusada.

Os testes classificam eficientemente, não há dúvida, e os psicólogos, quando o fazem, fazem-no com precisão e eficácia; o perigo está no seu uso como medida de encaminhamento único, pois o problema não está no que os testes fazem, mas sim naquilo que eles não fazem, o que frequentemente acaba por cair em não se fazer mais nada.

Itens	Avaliação estandardizada	Avaliação dinâmica
Objetivo	Classificação e predição do rendimento (produto final)	Identificação e estimação prescritiva do potencial (processo)
Método	Estandardizado (não ajuda)	Mediatiza e ensina
Administração	Estímulos distais	Estímulos proximais
Tipo de avaliação	Realização retrospectiva de tarefas iguais para todos e sem aprendizagem (passado)	Oportunidades de aprendizagem prospectiva de tarefas novas (futuro)
Comparação	Normas e tabelas	Autoavaliação

Neste caso, muitas crianças e jovens portadores de atraso mental e de atraso escolar não necessitariam de testes para simplesmente os classificar, uma vez que a classificação em si tem sempre erros, em si não se correlaciona com prescrições educacionais e podem produzir estigmas donde nunca mais se escapa, independentemente de no futuro se poderem verificar, nessas mesmas crianças e jovens, desempenhos contrários ou *processos de modificabilidade inesperados*, mas possíveis.

Embora se considerem os testes estandardizados como bons preditores de rendimento escolar, eles *não são bons indicadores diagnósticos de potencial de aprendizagem*, porque as diferentes atitudes, mas também de muitas outras variáveis influenciadoras, como as da proficiência da linguagem e dos instrumentos verbais, como as da estimulação cultural, as da motivação para a aprendizagem e, mais importante ainda, como as da *diferenciação evolutiva das funções cognitivas e metacognitivas* que suportam e sustentam a própria aprendizagem (FEUERSTEIN, 1987, 1979).

Como é mais fácil entrar em classificações pela aplicação de processos de avaliação normalizada do que sair delas, a melhor sugestão é abandoná-las, a não ser que tenha propósitos de distribuição de orçamentos ou de planificação de recursos administrativos.

A predição como medida educacional nunca foi muito defensável em termos de objetivos educacionais, na medida em que a adivinhação do futuro em que se baseia pode ser falseada. Não se pode retirar nenhum motivo de satisfação quando se pretende afirmar que uma criança ou jovem sujeito a um teste vai falhar na aprendizagem escolar como base no seu QI.

O que se precisa, daí a necessidade da APPD, é de encontrar instrumentos de avaliação e procedimentos de intervenção pedagógica acrescida e enriquecida que possam *combater a infalibilidade preditiva* dos testes estandardizados. Tais testes fazem o seu trabalho muito bem, de fato, mas o que precisa ser trabalhado em termos de promover o potencial de aprendizagem e de optimizar a modificabilidade cognitiva dos sujeitos observados é a criação de situações susceptíveis de gerarem o processo de aprendizagem, ou, quando muito, *ligar automaticamente a avaliação à intervenção prescritiva*, em vez de avaliar um catálogo de produtos decorrentes de oportunidades de aprendizagem (ou da sua falta ou ausência) ocorridas no passado dos sujeitos observados.

A APPD visa documentar o *potencial prospectivo do indivíduo* e não identificar retrospectivamente bloqueios, erros, riscos, atrasos ou dificuldades. A finalidade da APPD deve mergulhar profundamente no potencial futuro do indivíduo observado e na sua *propensibilidade para aprender*.

A APPD não pretende avaliar, nem classificar, mas sim fornecer informações que cubram o *vazio entre a avaliação e a interpretação*. Trata-se de avaliar um processo, e não um produto final. Ela tem como objetivo gerar recomendações claras para a instrução ou para a reeducação a implementar.

3. A APPD como detecção do potencial de aprendizagem

O potencial de aprendizagem (PA) do indivíduo observado, para além de ilustrar a ZDP introduzida por Vygotsky (1986, 1979a, 1979b), representa o conjunto dos processos e das estratégias cognitivas a ele inerentes, mas não revelado habitualmente por si nas situações de aprendizagem. Em Feuerstein (1980) o PA representa algo mais do que o modo, comum, frequente e vulgar, com que todas as pessoas, crianças ou adultos, normalmente se comportam, sugerindo que eles potencialmente parecem querer revelar uma maior capacidade de pensamento e de comportamento inteligente do que habitual e efetivamente demonstram.

Tal conceito equaciona dois tipos de aspectos. O primeiro é que o repertório do indivíduo tende a ser ineficaz ou raramente utilizado, evocando que pode estar *camuflado* ou inibido consoante as situações de que desfruta. Fornecendo ao indivíduo adequadas condições internas e externas de mediatização, aumentando os seus níveis atencionais e motivacionais, reduzindo a sua ansiedade, explorando os seus interesses, por exemplo, pode ser suficiente para fazer emergir outro nível de prestação e de *performance*. O segundo é que o PA traduz a característica de *modificabilidade* que é inerente ao ser humano, independentemente de sua idade, ou da etiologia e severidade que o identificam. Como a modificabilidade não ocorre por si própria, só quando se introduzem *estratégias de aprendizagem mediatizada* (EAM) (FEUERSTEIN, 1980; FONSECA, 1999) é possível licitar nos indivíduos comportamentos novos e novas capacidades de aprendizagem que previamente não faziam parte do seu patrimônio adaptativo.

O PA, por definição, é sempre superior ao desempenho atual característico do indivíduo. Representa, em termos potenciais, a ZDP, na medida em que consiste no aglomerado de capacidades adormecidas, inativas ou pouco estimuladas, que são rara ou ineficazmente utilizadas por si, quer em tarefas de avaliação, quer em situações de aprendizagem na sala de aula ou na vida quotidiana. Maximizar a ZDP e potenciar a *aprendizagem futura* é, no fundo, a finalidade da interação mediatizada (FEUERSTEIN, 1979; FONSECA, 1999).

A revelação do PA ilustra a otimização das capacidades que previamente não se observavam no rendimento cognitivo do indivíduo observado, pressuposto portanto que ele seja avaliado em situações de aprendizagem e não de teste. O propósito de captar o PA do observado constitui o paradigma primordial da APPD, exatamente porque não podemos determinar o potencial cognitivo do indivíduo apenas a partir de funções maturas, isto é, do seu nível atual de desenvolvimento. Embora seja de importância fundamental determinar o nível atual de funcionamento do indivíduo, nomeadamente com a detecção e identificação das *funções cognitivas deficitárias* (de *inputs*, de integração e de *output*) que o caracteriza, o importante é estimar o seu processo e estilo de aprendizagem, o que obviamente exige a vivência direta de tal processo em situações que requerem efetivamente aprendizagem e não respostas originadas em aprendizagens passadas.

Determinar o nível de desenvolvimento a partir do que está maturo é insuficiente, de acordo com Vygotsky (1986, 1978), quer quando se estudam vegetais e animais, e muito menos quando o objeto de estudo é o ser humano. Limitar a avaliação psicológica apenas às *funções cognitivas maturas* é pouco, é preciso também ter em consideração as *funções que estão em processo de maturação*, daí a importância do estudo do PA. É preciso não só considerar o atual nível de desenvolvimento, mas também a ZDP, se queremos estimar o PA. Como é que podemos então atingir este objetivo?

Se se trata de determinar o nível atual de desenvolvimento, os testes estandardizados são suficientes, pois usam tarefas que requerem resoluções independentes do observado, subentendendo-as como capacidades e funções já amadurecidas. Pelo contrário, se queremos estimar o PA do observado, teremos que introduzir tarefas novas, perguntas, desequilíbrios e elementos estratégicos que as solucionem. É essa intervenção, ajuda e colaboração, monitorizada pelo observador mais experiente, que leva o indivíduo inexperiente a atingir a resolução de problemas mais complexos; quando tal se opera na ZDP do indivíduo considerado, podemos assumir que identificamos o seu PA.

O estado mental do observado pode ser apresentado em dois tipos de funções distintas: as *funções que estão já maturas* e as *funções que estão em processo de maturação*, como vimos atrás. As primeiras definem a sua atividade cognitiva independente, e podem ser medidas por modelos de avaliação estáticos. As segundas só podem ser manifestadas quando o indivíduo trabalha com um indivíduo mais experimentado ou competente; a sua avaliação exige a análise da sua ZDP, mediatizando processos cognitivos que ainda não amadureceram, mas que estão em vias de amadurecer. Neste contexto, se queremos avaliar o PA e a ZDP do indivíduo devemos avaliar a *sua atividade independente*, mas também a sua *atividade colaborativa*; em síntese, o seu potencial pessoal e o seu potencial social.

A explanação do pensamento de Vygotsky (1978, 1962) com base no conceito de atividade colaborativa não surge por acidente. Para este autor, em termos antropológicos, a espécie humana ascendeu ao nível de funções psicológicas superiores, como a fabricação práxica de instrumentos e a compreensão e uso da linguagem, quer corporal (colaboral), quer falada ou escrita à custa da atividade cooperativa e colaborativa onde elas têm a sua origem (FONSECA, 1999). É portanto no contexto sócio-histórico que o indivíduo aprende novas formas de atividade mental, cuja maturação interna, dita biopsicológica, envolve uma interação e mediatização externa, dita psicossocial. Sem essa capacidade colaborativa e interativa o desenvolvimento de processos mentais complexos ou superiores não seria possível, nem na espécie humana, nem na criança, que é, na sua essência, a sua continuidade.

O objetivo da APPD não é meramente cognitivo ou simplesmente orientado para avaliar a eficácia na aprendizagem, é também relacional e interativo, ou seja, é avaliar o *potencial total de desenvolvimento do indivíduo num contexto social*. Assim como o agricultor não deve se limitar à avaliação da fertilidade dos solos nem na avaliação da qualidade genética das suas sementes para predizer o futuro imediato da sua produção de frutos maduros, mas precisa levar em consideração, igualmente, os frutos que em breve irão amadurecer, de igual modo o observador do PA ou da ZDP do indivíduo não pode ficar somente na avaliação das funções cognitivas maturas e independentes do observado.

Em síntese, a aplicação do conceito de ZDP na APPD permite atingir consequentemente uma imagem mais compreensiva e holística do estado corrente do desenvolvimento do indivíduo e convergentemente permite perspectivar a dinâmica do seu desenvolvimento num futuro imediato, isto é, prevê a nova fase ou a *fase proximal* do processo de modificabilidade que o caracteriza.

O desenvolvimento baseado na mediatização é um fato crucial da evolução cultural, quer no indivíduo, quer na sociedade. É a mediatização exercida pela sociedade e pelos seus agentes que eleva o estado de desenvolvimento imaturo da criança a um estado de desenvolvimento maturo no adulto. A ZDP determina em Vygotsky (1986) a ocorrência de transições que são acessíveis ao indivíduo, porque o que é a ZDP num dado momento move-se para o nível de desenvolvimento corrente num momento próximo seguinte. O que um indivíduo faz hoje em colaboração com outro mais experiente, o fará amanhã de forma independente. Por esta razão, a análise do PA de um indivíduo numa situação de interação social é um aspecto fundamental da avaliação das suas funções mentais maturas.

As funções mentais maturas na espécie humana e no desenvolvimento da criança, que ocorre desde funções mentais imaturas a desmaturas e destas a maturas, só se manifestam e emergem na mediatização, na sua atividade colaborativa, isto é, num *plano intermental*. As funções mentais maturas ou complexas só se podem avaliar numa APPD e não numa avaliação estandardizada tradicional, exatamente porque elas só existem e se desencadeiam na atividade colaborativa e interativa, onde se transforma em *atividade intramental*, ou seja, em funções mentais interiorizadas no sujeito observado.

Quais são então as diferenças entre uma avaliação e a outra?

4. Diferenças entre a APPD e a avaliação estandardizada tradicional

De uma forma sumária, e tendo como referência Feuerstein (1985), Haywood (1992) e Lidz (1991), as diferenças mais críticas que encontramos nestes dois tipos de avaliação são as seguintes:

4.1. Diferença nos objetivos;

4.2. Diferença nos instrumentos;

4.3. Diferenças na orientação;

4.4. Diferenças no envolvimento;

4.5. Diferenças na interpretação dos resultados.

4.1. Diferença nos objetivos

O objetivo da APPD é avaliar o PA e a ZDP, e não o QI ou a idade mental, que são a preocupação da psicometria. Avaliar os processos que antecedem a expressão de capacidades demonstradas como produtos finais e produzir neles novas estruturas e processos cognitivos através de estratégias de aprendizagem mediatizada são algumas das características da APPD, dado que a sua finalidade se traduz na *indução de mudanças* no observado, através de interações de ensino-aprendizagem e de mediatização que são aplicadas no seio da própria avaliação. Depois dessa mediatização prévia a APPD pretende ainda avaliar não só a *modificabilidade cognitiva emergida* mas também a sua transferência, generalização e utilização para futuras aprendizagens.

A APPD considera a inteligência como um processo dinâmico e evolutivo, e não um processo estático ou cristalizado, por isso visa *explorar a sua flexibilidade e adaptabilidade* no momento da avaliação, apreciando e avaliando tal processo de mudança, e não meramente medindo-o, registrando-o ou classificando-o. A aprendizagem é uma mudança, e é essa modificabilidade, em termos de futuro, que se pretende observar na APPD. Em suma, visa *pesquisar a natureza e especificidade das funções cognitivas deficitárias exibidas* pelo observado, ao mesmo tempo que perspectiva e visualiza as estratégias de mediatização mais adequadas para as superar, compensar e optimizar.

4.2. Diferença nos instrumentos

Os instrumentos da APPD são diferentes dos do WISC (*Wechsler intelligence scale for children*), do K-ABC (*Kaufman assessment battery for children*), da NEMI (*nouvelle échelle mental infantile*), e de tantos outros, que medem *performances* e desempenhos em determinadas tarefas. Ao contrário, os instrumentos da APPD, como o PLAD (*preschool learning assessment device*) de Lidz (1991), a maioria dos quais inspirados no LPAD (*learning potential assessment device*, atualmente designado por *learning propensity assessment device*) de Feuerstein (1985, 1979), por sua vez bastante inspirado em Rey (1958), são construídos com uma abordagem diferente envolvendo uma sequência de procedimentos do tipo *teste-ensino/mediatização-reteste*, para permitirem identificar microelementos e subsistemas cognitivos e metacognitivos no processo de aprendizagem do indivíduo observado.

A avaliação do indivíduo é estruturada na base do processo de aprendizagem que a interação entre o observador e observado põe em jogo, procurando posteriormente uma reavaliação da modificabilidade cognitiva atingida.

Em vez da predição da avaliação psicométrica, o APPD usa instrumentos de interação, visando fornecer *os pré-requisitos da modificabilidade cognitiva* para solucionar as tarefas de observação apresentadas em termos de novidade e complexidade. Os instrumentos são construídos para gerar entre o observador-mediatizador e o observado-mediatizado uma *mediatização intersubjetiva* que busca a emergência de competências de aprendizagem no observado, ou seja, uma mudança no seu comportamento como efeito do processo de mediatização ou de ensino, *estimando a sua capacidade para lidar com situações novas e inéditas.*

Os instrumentos são assim criados e utilizados para provocar no observado novas funções cognitivas e metacognitivas e novas estratégias de raciocínio crítico e de resolução de problemas.

4.3. Diferenças na orientação

A psicometria tradicional e clássica está orientada para o produto final e para respostas corretas, a APPD (exemplo do LPAD) está orientada para uma avaliação dinâmica, o que traduz uma mudança radical na história do diagnóstico psicológico: dos produtos para os processos.

Trata-se consequentemente de apreciar a modificabilidade e não medir capacidades ou habilidades finitas, daí a importância da mediatização. Como está em causa a modificabilidade, a avaliação dinâmica preocupa-se em *aperfeiçoar os subprocessos e as componentes da aprendizagem*, isto é, da atenção, do processamento sequencial e simultâneo da informação, da integração e elaboração dos dados das tarefas e da planificação, expressão e verificação das respostas (STERNBERG, 1982; 1977; DAS, 1979).

Trata-se da *reestruturação total da situação de avaliação* (HAYWOOD, 1992), na medida em que se treina o observado para fazer recurso de estratégias mediatizadas pelo observador com a finalidade de ele descobrir a solução dos problemas colocados pelas tarefas. Para isso, o observador tem de maximizar o sucesso no observado, encorajá-lo para se motivar e interessar pelas premissas do problema, sugerir exploração verbal e psicomotora da família de procedimentos que ligam a representação mental à expressão das respostas, chamar a atenção para a presença de várias fontes de informação, ensinar a sistematização da análise e da síntese de dados da situação, treinar a sequencialização dos passos da aprendizagem da solução, tomar consciência dos detalhes, dos pormenores e das pequenas e sutis mudanças dos estímulos envolvidos no problema, mesmo da tomada de consciência dos erros ou inêxitos que vão surgindo.

O conteúdo das tarefas, o nível dos instrumentos verbais utilizados, os requisitos cognitivos exigidos pela tarefa, as operações mentais desencadeadas, o grau de abstração e a qualidade das respostas do observado estão constantemente sendo integrados e elaborados em termos mediatizadores.

Não está em jogo qualquer modalidade de seleção, penalização, classificação e estandardização de indivíduos, mas sim a *facilitação da aprendizagem*. Trata-se antes de uma mudança na situação de avaliação, de uma situação estática a uma situação dinâmica, onde com base na mediatização se põem em marcha processos de interação, mediatização, intervenção, reforço e de retroalimentação.

O observador da função de examinador passa a exibir uma função de psicopedagogo e o observado, de uma função de examinado passa a uma situação de ser aprendente, pondo em prática um processo de comunicação de dois sentidos.

4.4. Diferenças no envolvimento

Na avaliação psicométrica tradicional o observador está distante, indiferente e frio, face ao *observado*, tendo que seguir rigorosamente as orientações do manual, devido à estandardização das tarefas. Na APPD o observador envolve-se num *processo de coaprendizagem* com o observado, adaptando uma estratégia relacional vinculada e afetiva, intencionalmente orientada para produzir relações significativas com a informação inerente às tarefas. O resultado que se obtém não é um perfil interindividual do observado em comparação com uma média ou um desvio-padrão, mas sim um *perfil intraindividual* contextualizado numa situação de interação e de aprendizagem.

Na avaliação psicométrica é suposto não ajudar, nem corrigir, nem interferir, mesmo se o observado tende ao inêxito; a finalidade está em verificar a eficácia, o tempo e o êxito das respostas, fatores estes que tendem a inibir o processo de aprendizagem.

A situação de teste não permite que a EAM se aplique e que a aprendizagem possa emergir da interação entre o observador e o observado. Na situação da APPD, ao contrário, a estratégia de mediatização ajuda, corrige, pergunta, dialoga, reforça, individualiza, encoraja o observado a procurar e a descobrir respostas, gerando consequentemente efeitos de autorregulação e de autoestima no observado, dotando-o de estruturas de aprendizagem mais eficientes e ativas com possível aplicação numa vasta gama de domínios.

4.5. Diferenças na interpretação dos resultados

Não são os resultados que interessam, mas sim a análise e a apreciação das áreas fortes e fracas do desempenho cognitivo do observado, o que interessa é compreender a dinâmica do perfil das suas funções cognitivas. Na APPD os aspectos qualitativos são igualmente apreciados ao lado dos quantitativos, estando em questão a ZDP e o PA do sujeito observado.

O observador preocupa-se por meio da EAM em detectar as micromudanças que o observado vai demonstrando ao longo da interação facilitadora, intencional, transcendente e significativa, tentando interpretar os efeitos pró-ativos e prospectivos da mediatização coconstruída entre os dois atores da observação. A noção de exame que gera bloqueios à expressão da inteligência é abandonada em prol de um diagnóstico, como um ato de aprendizagem construído por dois atores sociais.

5. Agenda para o futuro da APPD

A avaliação APPD deve abandonar a *filosofia da classificação* e a da *predição*, dado que é pouco defensável assumir uma atitude mágica sobre o futuro, para além do perigo dos estigmas que se geram a partir delas.

A finalidade da APPD deve ser antes a de combater a *inevitabilidade* e *infalibilidade* das predições. Os testes estandardizados e descritivos (exemplo: QI) não foram construídos para estabelecer uma *ponte óbvia e clara* com as prescrições educacionais ou pedagógico-terapêuticas. A APPD é essencialmente construída para gerar informação útil à aprendizagem e à adaptação futura dos observados, na medida em que procura indicar e apontar o sentido da sua futura modificabilidade.

Os testes normativos não são baseados em tarefas de aprendizagem, mas sim num catálogo de produtos limitados de aprendizagem que ocorreram (ou não) no passado. A APPD é baseada em tarefas de aprendizagem porque lida com a sua essência e está comprometida com a transferência e indução de capacidades de aprendizagem bem-sucedida, bem como com a *modificabilidade optimal e futura* dos observados.

Levamos cem anos para testar as habilidades de aprendizagem, sem efetivamente proporcionarmos, na situação de avaliação, qualquer situação de aprendizagem, nem tampouco qualquer estratégia de ensino. Se desejamos descobrir se os indivíduos aprendem, então devemos ensiná-los e mediatizá-los.

No próximo milênio os observadores têm que se transformar em modificadores ativos do potencial de aprendizagem dos sujeitos que venham a observar, pois só assim poderemos contribuir para o aumento da sua qualidade de vida, sejam ou não excepcionais, porque todos os indivíduos, sem exceção, são modificáveis.

3
Pedagogia mediatizada

1. Sociogênese e aprendizagem

A sociedade em geral educa as suas gerações mais inexperientes sem dificuldades aparentes; trata-se de uma tendência da filogênese que, ao lado de outras (FONSECA, 1999, 1989b), permitiu a evolução da espécie humana, essencialmente consubstanciada na sobrevivência e na reprodução das suas crias. A continuidade da humanidade depende, em suma, de capacidades de transmissão e de mediatização cultural entre gerações.

Uma sociedade harmoniosamente estruturada, sólida e unida está na base do sucesso evolutivo da espécie humana, e concomitantemente na origem do desenvolvimento do potencial adaptativo das crianças e dos jovens; porém, e apesar dessa evidência histórico-social, o ofício de educar, se é dos mais vivenciados, é também um dos menos conhecidos.

Os pais, primeiros educadores da criança e primeiros mediatizadores da sua aprendizagem, têm uma influência crucial no desenvolvimento global dos seus filhos; por analogia, os professores também exercem uma função primordial no desenvolvimento holístico dos seus estudantes. Antes de educar a criança, são os pais que temos de educar; em paralelo, antes de educar os estudantes, são os professores que temos de mediatizar. Sem nenhuma preparação dos pais, ou com uma superficial formação filosófica e pedagógica dos professores, corre-se o risco de se perder uma oportunidade-chave na aprendizagem das crianças e dos jovens e compromete-se seriamente a *sociogênese*.

A sociedade vale o que valem as famílias (MAUCO, 1968) e, consequentemente, o que valem as suas escolas (FONSECA, 1999). Formar pais, e subsequentemente educadores e professores, é um dos primeiros passos do desenvolvimento dos filhos e dos estudantes, na medida em que o desenvolvimento psicológico e social de uma criança ou de um jovem é impossível sem o desenvolvimento psicológico e social dos adultos (VYGOTSKY, 1978, 1962).

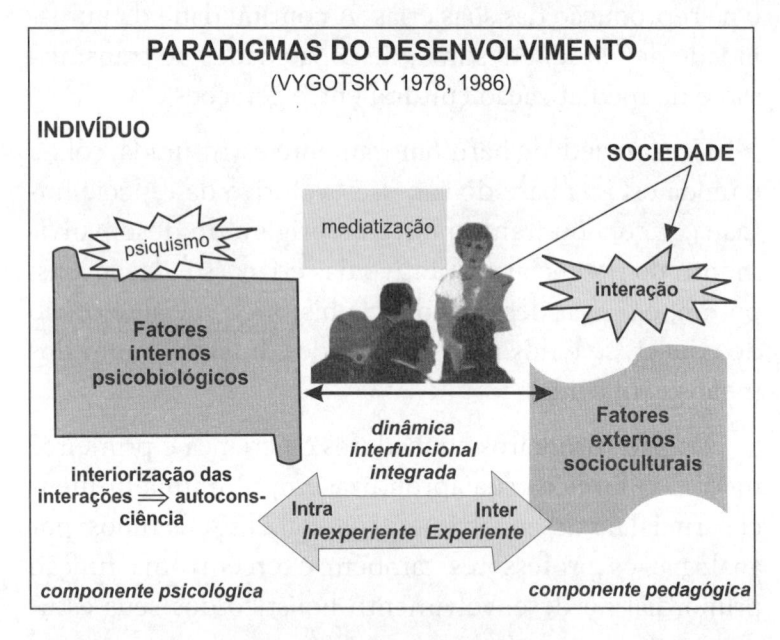

Para este psicólogo social russo de renome mundial, a *sociogênese* explica-se em termos dialógicos, isto é, o desenvolvimento humano emerge da dialética e da tensão entre fatores externos socioculturais e os fatores internos psicobiológicos, primeiro, de *forma interindividual*, ou seja, de origem social, e, segundo, de *forma intraindividual*, isto é, de origem psicológica, que ocorre na pessoa da criança ou do jovem, materializando uma internalização dos processos culturais e históricos.

Trata-se portanto de uma *visão metapsicológica*, rejeitando a ideia de que o desenvolvimento humano só decorre de um psiquismo individual, ao mesmo tempo que se opõe à ideia da tábua rasa, que subentende o mesmo desenvolvimento apenas por simples absorção de padrões de comportamento a partir do envolvimento. Em síntese, Vygotsky (1993) equaciona o desenvolvimento em duas linhas: uma, natural e biológica, e, outra, histórica e social, destacando a importância dos instrumentos linguísticos, que radicalmente transforma uma linha de desenvolvimento na outra.

Ao introduzir a sua célebre noção de *zona de desenvolvimento proximal* o mesmo autor reforça a ideia de que o desenvolvimento de seres inexperientes (crianças, jovens, estudantes, formandos, etc.) depende da interação com seres experientes (pais, professores, formadores, etc.), sugerindo que as formas superiores de desenvolvimento humano, nomeadamente as emocionais (altruísmo, solidariedade, etc.), as cognitivas e as simbólicas, são *função da mediatização* destes sobre aqueles. Com recurso a estratégias de acesso à multiplicidade de ferramentas psicológicas, artificial e historicamente adquiridas, e com base em processos de facilitação, os seres experientes, utilizando os instrumentos culturais disponíveis, promovem nos seres inexperientes as funções simbólicas e culturais que lhes vão permitir a formação da sua autoconsciência e a incorporalização e organização do mundo exterior.

A socialização da criança e do jovem depende, portanto, da socialização dos adultos e os *estilos de interação* entre ambos condicionam a competência social das futuras gerações.

Crianças e jovens competentes, tímidos ou imaturos, emergem de ecossistemas (BRONFENBRENNER, 1979; BRAZELTON, 1988) que facilitam, ou não, o seu desenvolvimento global. As estratégias de interação adotadas pelos adultos influenciam crítica e direcionalmente o desenvolvimento social, cognitivo e emocional das crianças e dos jovens.

Os pais (ou professores) de crianças e jovens (ou estudantes) competentes exercem um controle intencional, significativo e estruturado sobre eles e licitam deles um comportamento responsável, mas estão igualmente disponíveis para os ouvir e para os estimular afetiva e cognitivamente.

Práticas de autoritarismo e de permissividade, de negligência emocional ou de dissintonização cognitiva, exclusivamente adultocentradas ou infantocentradas, não permitem interações sensíveis às necessidades emocionais e cognitivas das crianças e dos jovens (GOLEMAN, 1995).

Pais e professores afetuosos e mediatizadores investem tempo nas necessidades de desenvolvimento dos seus filhos e dos seus estudantes; no extremo oposto, pais ou professores controladores exercem poderes disciplinadores arbitrários. Não é a afetividade nem a disciplina sozinhas que determinam o comportamento dos filhos ou dos estudantes, mas sim a sua combinação dialética; quer a afetividade sem disciplina, quer a disciplina sem afetividade, ambas têm efeitos negativos no desenvolvimento dos seres inexperientes.

Pais e professores que não se comprometem, apenas se envolvem, que adotam práticas interativas baixas em afetividade e em disciplina, que não se assumem como pais, nem como professores, têm tendência a provocar na criança e nos jovens baixas autoestimas (MACCOBY & MARTIN, 1983; BAUMRIND, 1967).

As interações entre pais e filhos (ou entre professores e estudantes) não podem ser baseadas em simples comandos, controles, ameaças ou castigos, elas têm que ser mais centradas em reciprocidade emocional, em compartilhar experiências, em proporcionar segurança e conforto, em estabelecer limites razoáveis de conduta, em dar suporte às tentativas de resolução dos problemas que se deparam à criança e ao jovem.

Em síntese, os pais e os professores deverão adotar um *estilo mediatizador* na interação com os seus filhos e com os seus estudantes, devem interpor-se entre as situações oriundas do mundo exterior e a criança, moldando-as e transformando-as em concordância com as suas necessidades de desenvolvimento, pondo em prática *a experiência de aprendizagem mediatizada* (FEUERSTEIN, 1980; HAYWOOD, 1995; FONSECA, 1999, 1996a, 1996b, 1995, 1991, 1990a, 1990b, 1987b; FONSECA & SANTOS, 1995).

A experiência de aprendizagem mediatizada é uma interação na qual o mediatizador (a mãe ou o pai, a professora ou o professor, por exemplo) se situa entre o *organismo* do indivíduo mediatizado (o filho ou a filha, os estudantes) e os *estímulos* (ou sinais, imagens, objetos, tarefas, problemas, eventos, etc.), de forma a selecioná-los, mudá-los, ampliá-los ou interpretá-los, utilizando estratégias interativas para produzir significação para além das necessidades imediatas da situação.

Na interação mediatizada, o objetivo do mediatizador não é apenas proporcionar uma experiência ou uma vivência da situação, de modo que o sujeito mediatizado a sinta de forma passiva ou receptiva.

Pelo contrário, o mediatizador deve proporcionar e promover situações onde o sujeito mediatizado interaja com elas de forma dinâmica e de modo a valorizar os seus processos e as suas estruturas cognitivas (*input*, integração-elaboração e *output*).

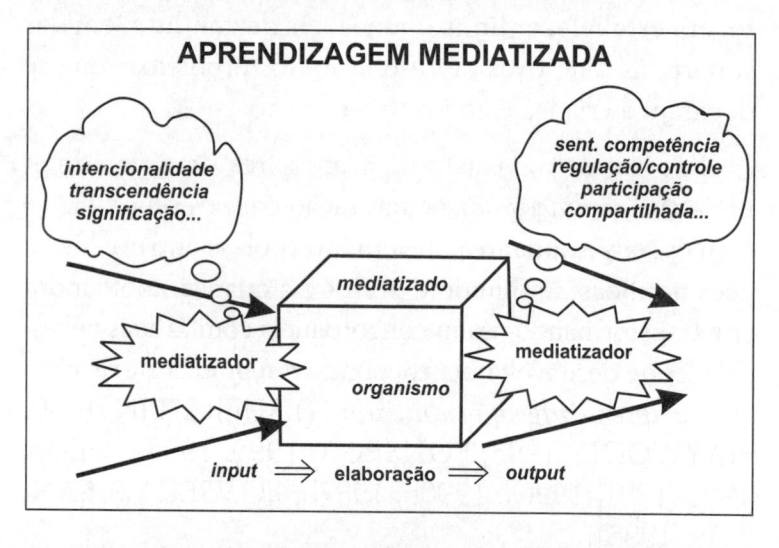

APRENDIZAGEM MEDIATIZADA

Sem mediatização, a experiência ou a informação é captada pelo mediatizado de forma difusa e fragmentada, pondo em risco a sua integração adequada. A mediatização pobre ou a sua privação tende a afetar as estruturas cognitivas da criança e do jovem, tornando-os assistemáticos e episódicos, não permitindo, consequentemente, que o seu comportamento seja elaborado de forma precisa e ajustada. Se a interação entre pais e filhos, no contexto familiar, ou entre professores e estudantes, no contexto escolar, for carente de mediatização, as crianças e os jovens tendem a ser mais desorganizados, mais impulsivos e menos reflexivos, numa palavra, menos adaptados às situações e às aprendizagens futuras; por analogia, também acabam por ser menos solidários e, por esse fato, menos adaptados às situações sociais.

A mediatização assume-se como um *fenômeno sociocultural* onde decorre a aprendizagem de qualquer conduta superior. Ela não se resume a uma exposição direta do indivíduo com o envolvimento, como infere o modelo de Piaget (1965), onde de certa forma se negligencia a função dos mediatizadores humanos.

Em contraste, no pensamento de Vygotsky (1993, 1978, 1962), a mediatização não compreende uma exploração solitária do envolvimento efetuada pelo indivíduo; pelo contrário, a apropriação da cultura é efetuada por e através de ferramentas simbólicas (exemplo: sinais, sistemas simbólicos, etc.) mediatizadas por seres humanos mais experientes, que se colocam entre o indivíduo e o envolvimento e, por esse fato, alteram radicalmente as condições dessa interação (imitação, instrução, etc.), na qual surgem e se desenvolvem *novos processos de atenção compartilhada* (TOMASELLO, 1999) e novos instrumentos cognitivos e simbólicos.

Em suma, o mediatizador é vivenciado no mediatizado como um ser portador de intencionalidade, da qual decorre um processo de mediatização e de transmissão de conhecimento.

A este processo de internalização, como já vimos, Vygotsky (1993) chamou "zona de desenvolvimento proximal", onde o mediatizador intervém nos processos mentais do mediatizado, construindo nele estruturas cognitivas que o vão tornar mais autônomo e mais gerador ativo de informação, permitindo-lhe generalizar os princípios derivados da interação.

Em resumo, os indivíduos mediatizados desenvolvem mais capacidades de transferência de estratégias para tarefas de aprendizagem novas e inéditas.

O mediatizador não se limita a ensinar o mediatizado, ele oferece-lhe o seu comportamento como modelo de observação e de imitação, ao mesmo tempo que se disponibiliza para com ele colaborar de forma significativa e, se possível, transcendente.

O mistério humano (ECCLES, 1989) não poderá ser concebido apenas com base numa evolução biológica inata, pois não basta possuir uma herança genética intata, um cérebro normal, um corpo ágil e adequada acuidade sensorial para aprender. Sem acesso à mediatização de artefatos, de instrumentos simbólicos, da linguagem, etc., proporcionada pela interação intencional das gerações experientes sobre as inexperientes, a continuidade da humanidade talvez não fosse viável ao ritmo temporal a que se operou. Neste contexto, a mediatização é a chave do desenvolvimento social e cognitivo da espécie humana.

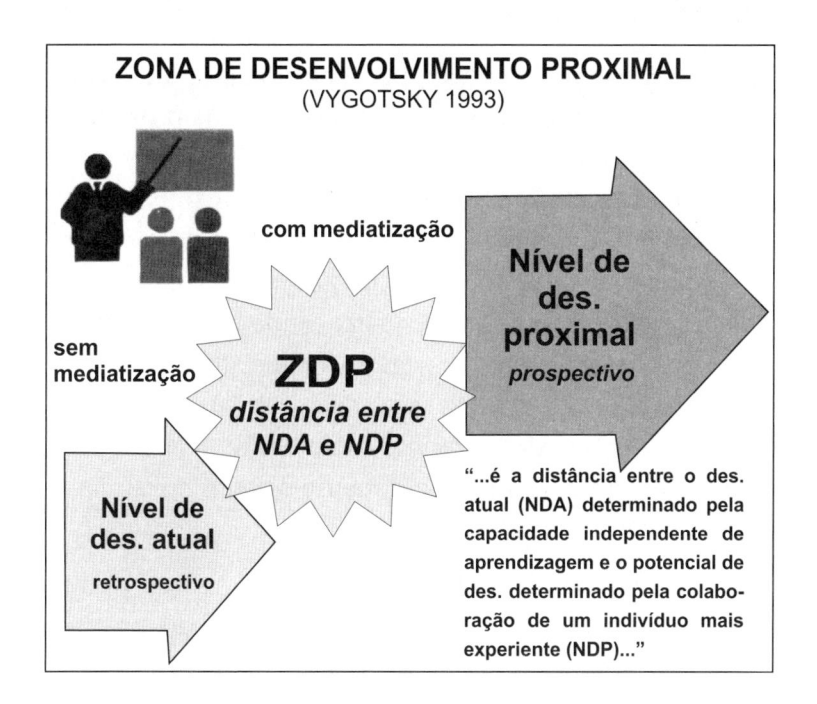

ZONA DE DESENVOLVIMENTO PROXIMAL
(VYGOTSKY 1993)

com mediatização

Nível de des. proximal
prospectivo

sem mediatização

ZDP
distância entre NDA e NDP

Nível de des. atual
retrospectivo

"...é a distância entre o des. atual (NDA) determinado pela capacidade independente de aprendizagem e o potencial de des. determinado pela colaboração de um indivíduo mais experiente (NDP)..."

2. Aprendizagem e mediatização

As mediatizações humanas que têm lugar entre crianças e seus pais ou membros mais velhos das suas sociedades ilustram a espinha dorsal da sociogênese.

A interação mediatizada entre seres experientes e inexperientes foi a forma de interação inteligível e solidária que sustentou a sobrevivência e a adaptação da espécie humana; por meio dela a superação das necessidades foi possível, porque os seres experientes interagiram com os inexperientes de modo a ajudá-los, o que em si subentende uma atitude e uma conduta altruísta transcendente, a desenvolverem importantes processos e procedimentos de ação e de pensamento.

Em termos culturais a mediatização é a base da pirâmide da continuidade da humanidade, da transmissão de valores, da própria tradição, pois compreende um modelo de organização da realidade, consubstancia o processo histórico psicossocial e constitui o núcleo fundamental da transmissão transgeracional da cultura, transmissão plenamente dotada de significação, só possível de concretizar-se por meio de processos mediatizadores carregados de solidariedade, ou seja, desencadeando um sentimento prospectivo subjacente às interações interindividuais, com claras intenções de produzir nas novas gerações novas consequências intrapsíquicas, novos instrumentos mentais superiores, protegendo-as e dotando-as com novas capacidades de autonomia e de adaptação.

A interação mediatizada, e necessariamente criativa, entre gerações é considerada um dos triunfos adaptativos da espécie humana, uma dupla herança, biológica e cultural, uma condição importante para o desenvolvimento da motivação e da habilidade de agir e pensar das gerações mais novas, criando-lhes a possibilidade de atingirem novas superestruturas socioculturais.

A vulnerabilidade biológica dos seres inexperientes que caracterizam precocemente as crias humanas transformou-se numa vantagem adaptativa por meio da mediatização operada pelos mais velhos e experientes. O milagre da sociogênese só se concebe no seio de uma mediatização que aproxima os diferentes níveis de apropriação cultural que distinguem os mediatizadores dos mediatizados.

O êxito dessa interação explica a evolução e mesmo até o processo da seleção dita natural, uma vez que o longo período de imaturidade dos seres mais dependentes permite, em paralelo, um longo processo de aprendizagem mediatizada, que obviamente resultou e resulta num comportamento mais flexível e mais impregnado de adaptações cognitivas.

O triunfo cognitivo da espécie não se deve unicamente à aquisição de informação do envolvimento físico e natural, mas sim, e também, à aquisição de informação obtida do envolvimento social, pois é esse o sentido mais sublime da herança cultural, por isso a espécie humana "identifica-se" mais com os membros da sua espécie do que os outros primatas. Esta identificação compartilhada misteriosa acaba por sê-lo exatamente porque a criança inexperiente compreende os outros seres experientes como seres idênticos a si próprio (TOMASELLO, 1999).

Ao interpretar-se como um agente intencional, a criança inexperiente entende-se como um ser cujo comportamento é organizado por objetivos e intenções. Como tal, ela acaba por se identificar com os seres experientes nos mesmos termos com que se autoconcebe. É exatamente por esse processo ontogenético, que envolve necessariamente uma mediatização, que a criança, um ser social por excelência, se experimenta como um agente mental, dotado de funções cognitivas que lhe permitem aprender a cultura onde está objetivamente inserida.

Compreendendo os outros seres como agentes intencionais iguais a si próprio, o que retrata implicitamente a mediatização, a criança, ser imatura e inexperiente, pode ascender ao processo da sociogênese, por meio da qual múltiplos mediatizadores criam artefatos e práticas culturais acumuladas sócio-historicamente, permitindo-lhe uma *aprendizagem cultural*, sinônima de mediatização, de sociabilização, de aprendizagem imitativa ou mesmo de instrução ativa, que possibilita, por essa interação solidária e intencional, a internalização cognitiva dos produtos criados pelos seres maduros e experientes.

A mediatização entre seres experientes e inexperientes põe em movimento a capacidade cognitiva herdada biologicamente, mas só num contexto sociointerativo ela pode atingir a plenitude dos seus recursos.

Tais mediatizações operadas pelos mais velhos e experientes ajudam as crianças e jovens a perceber que os acontecimentos, os objetos e as pessoas têm significado para além deles, que o mundo envolvente tem o atributo de ser estruturado e que o conhecimento dessa estrutura permite saber, com mais precisão, o que fazer em situações futuras e imprevisíveis.

O mediatizador ajuda a criança a criar condições ou modelos explicativos das suas experiências que servem para organizar observações e testar a aplicabilidade dessas regras numa vasta variedade de circunstâncias.

O mediatizador, pela sua interação intencional e solidária, fornece ao mediatizado *instrumentos psicológicos* (não verbais e verbais, não simbólicos e simbólicos) que lhe permitem moldar com mais precisão e significado as suas experiências e vivências. Ao enfocar a mediatização no desenvolvimento de instrumentos cognitivos mais aperfeiçoados, o mediatizado, guiado pelo mediatizador, manipula o envolvimento de forma mais significativa, a *atividade colaborativa* daí resultante torna-se, por consequência, socialmente mais organizada, na medida em que a intervenção deste visa expandir a adaptabilidade naquele. A ação do mediatizador puxa o mediatizado para novos níveis de funcionamento cognitivo, excedendo as suas capacidades iniciais, modificando-as de forma prospectiva. Trata-se em definitivo de uma competência humana fundamental da mediatização triunfante da espécie; ao longo da sociogênese, o mediatizador organizou a situação de aprendizagem e a *performance* do mediatizado, de modo que este possa contornar as suas dificuldades, tornando as tarefas mais fáceis e superáveis.

Trazer as novas gerações para a frente, de forma que elas atinjam mais autonomia e maior complexidade no seu comportamento, foi uma das adaptações mais relevantes da espécie humana; impelir o potencial cognitivo das gerações imaturas a ir mais longe foi talvez uma das estratégias mais eficazes que justificou, e certamente justifica, a evolução humana no seu todo (VYGOTSKY, 1993). Com base nesta *potencialização da aprendizagem*, as gerações experientes transformaram as inexperientes em seres produtivos e criativos; esta foi certamente uma das lições mais significativas da sociogênese; ontem, hoje e amanhã ela se perpetuará, quer tenhamos consciência dela ou não.

As experiências de interação mediatizada ajudam as crianças e os jovens a adquirir funções cognitivas fundamentais que os impelem a aprender mais eficientemente ao longo de maiores e mais variados contextos da sua experiência vivida e convivida, conferindo efetivamente a todo este processo, a que podemos chamar *educação*, o suporte do desenvolvimento cultural e civilizacional.

Como a mediatização adequada é um fator crítico para o desenvolvimento cognitivo, podemos perguntar: "Até que ponto a mediatização chega?" Obviamente que depende da cultura assimilada e memorizada, das necessidades individuais da criança e do jovem e das circunstâncias do momento.

Ao determinar estas necessidades é importante manter em jogo a distinção entre *inteligência* e *cognição*, esta entendida aqui como *processos cognitivos de "input", integração-elaboração e "ouput"*.

Enquanto a inteligência é uma habilidade nata, relativamente fixa e constante, e largamente determinada geneticamente, a cognição ou os processos cognitivos que lhe dão sustentação, em contraste, são modos e estratégias de processamento de informação, são dispositivos potenciais de adaptação e de pensamento lógico que podem ser aprendidos. Tais processos de informação podem ser ensinados e são altamente modificáveis ao longo do desenvolvimento. A sua privação, consequentemente, pode constituir em entrave ao desenvolvimento cultural e à capacidade de aprender a aprender.

Comparação entre inteligência e cognição		
Dimensão	*Inteligência*	*Cognição*
Origem	Genética (inata)	Aprendida/ensinada
Caráter	Global/específica	Generalizada
Avaliação	Produto final – QI (passado)	Processo/potencial (futuro)
Composição	Atitudes intelectuais (verbais, espaciais)	Capacidades & motivação
Modificabilidade	Modesta (Esforço)	Elevada – EAM
Papel dos pais	Genes, alimentação, segurança	Mediatização ativa

Em termos gerais, os *processos cognitivos básicos* são adquiridos pelo indivíduo:

a) Através da aprendizagem por *exposição direta* às fontes de informação, isto é, através do contato direto com os acontecimentos e as situações;

b) Através de experiências de *interação mediatizada*, isto é, através da mediatização simbólica de outros indivíduos mais experientes, ou seja, através do significado histórico-social generalizado resultante desses acontecimentos interativos.

Toda a criança ou jovem, não importa o seu grau de inteligência, deve adquirir as funções cognitivas básicas de modo a poder pensar logicamente, de modo a aperceber-se que o mundo tem uma forma estruturada e ordenada, de modo a saber aprender a aprender e a saber aplicar a sua inteligência a situações inéditas.

As crianças e jovens destinados a ter uma *inteligência dita adequada e funcional* podem ter acesso ao desenvolvimento das suas funções cognitivas básicas através da mera exposição direta às situações e, devido a essa condição adaptativa, necessitar de menos habituação, de menos repetição e de uma mediatização menos intensa. Em contrapartida, as crianças com uma *inteligência dita inadequada e disfuncional* ou com necessidades especiais, como as que são portadoras de uma visão reduzida, de uma audição difusa, de uma emocionalidade vulnerável ou de uma motricidade dissociada, podem aprender menos através da exposição direta a situações ou estímulos e depender mais de mediatização. Se qualquer grupo de crianças ou jovens falha em adquirir tal mediatização adequada, pode ser provável que decorra neles um desenvolvimento emocional e cognitivo inadequado.

Qualquer cultura, independentemente do seu desenvolvimento tecnológico, contém todos os elementos essenciais que são necessários para o desenvolvimento cognitivo adequado. Tais elementos sociais são habitualmente mediatizados para as crianças no seio da sociedade, através de um conjunto de processos antropológicos denominados por *transferência cultural intergeracional*, exatamente porque exigem uma experiência de aprendizagem mediatizada entre as gerações.

Quando acontecimentos do envolvimento interrompem ou distorcem tal transferência, de modo que às crianças sejam negados os benefícios da sua própria cultura, essas crianças podem ser vítimas ou correr o risco de *privação cultural*.

A *síndrome de privação cultural* emerge da falha ou da falta de mediatização adequada sobre as várias formas características de cultura, de percepção, de processamento de informação e de organização da realidade, podendo mesmo repercutir-se na inacessibilidade de pensar sobre o pensar ou em definir ou resolver problemas. Com tais carências mediatizadoras as funções cognitivas dos indivíduos tornam-se deficitárias e, consequentemente, tendem a empobrecer-se inevitavelmente, implicando um baixo rendimento cognitivo com óbvias implicações negativas no comportamento socioemocional. Dado que todos os elementos de transmissão cultural essenciais estão presentes na sociedade, as distorções dessa transmissão podem resultar de uma mediatização pobre.

Combater o empobrecimento interativo ou mediatizador deve constituir o trabalho essencial dos pais e dos professores. A evolução humana e os seus vários paradigmas adaptativos são tributários das funções cognitivas ao longo da filogênese e da ontogênese (FONSECA, 1999); sem as enriquecermos com novas estruturas e ferramentas mentais, com novos sistemas e modelos simbólicos, elas perdem flexibilidade, plasticidade e tendem a cristalizar-se. A cognição é uma semente que deve ser regada com estratégias de mediatização, caso contrário atrofia.

Nesta perspectiva, a cognição humana compreende a capacidade de mudança, a capacidade que tornou possível a evolução, na medida em que ela se traduz, em última análise, numa capacidade de aprendizagem, que, como potencial de adaptabilidade da espécie humana, acabou por refletir a sua evolução. Quer a evolução, quer a aprendizagem, são impossíveis de conceber-se sem a sua influência recíproca ao longo do processo histórico-social. A evolução humana acabou por espelhar uma aprendizagem alimentada pela mediatização.

O termo *mediatização*, e não meramente *mediação* (para não se confundir com um processo negocial), caracteriza a atividade humana ao longo da sua sociogênese, atividade essa compreendida como a satisfação de necessidades dependente da atividade de outros seres vivos. A satisfação das necessidades humanas é produzida de forma indireta através e pelo trabalho de outros seres humanos. Enquanto o animal satisfaz as suas necessidades com base em instintos e necessidades naturais, os seres humanos satisfazem-nas com base em utensílios extrabiológicos, transformando tais necessidades naturais em necessidades culturais e simbólicas.

Em síntese, o ser humano é o produto final das interações que estabelece com outros seres humanos, desde o bebê ao idoso, isto é, com a sociedade no seu todo. Os outros seres humanos (pais, professores, mediatizadores), como agentes exteriores ao próprio corpo do indivíduo, são interiorizados no seu cérebro pelas atividades de mediatização que lhes permitem, num contexto cultural, criar a sua própria autoconsciência.

Ao contrário do animal, os seres humanos dependem de uma relação espaçotemporal interiorizada de estímulos sensoriais e respostas motoras, não como resultado de uma aprendizagem biológica reativa baseada em reflexos, mas como resultado de uma aprendizagem psicossocial mediatizada, logo interativa, baseada em funções cognitivas. Tal interação está na origem de uma estrutura mental complexa e hierarquizada, de um órgão extremamente organizado, o mais organizado do organismo, ou seja, o *cérebro*, o órgão da cognição, que simultaneamente se transformou também no *órgão da civilização*.

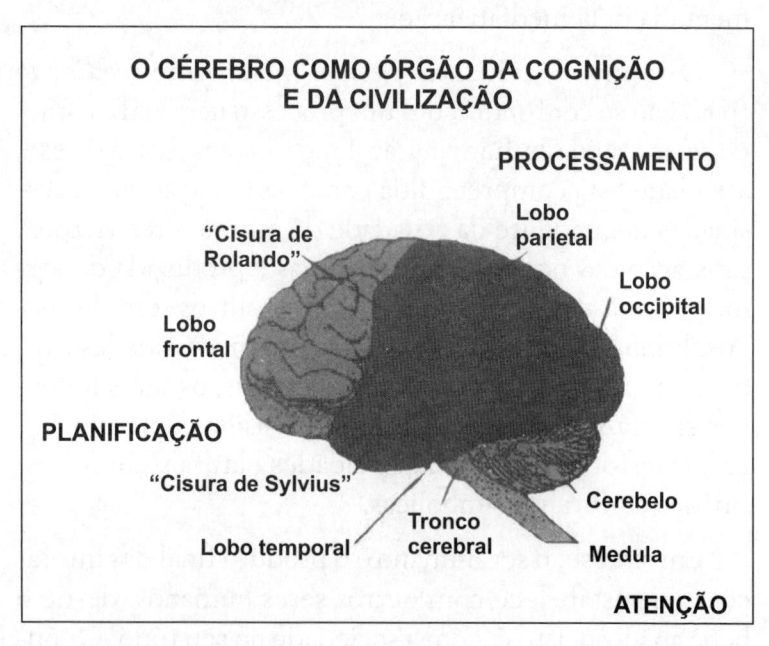

O CÉREBRO COMO ÓRGÃO DA COGNIÇÃO E DA CIVILIZAÇÃO

PROCESSAMENTO

Lobo parietal

Lobo occipital

"Cisura de Rolando"

Lobo frontal

PLANIFICAÇÃO

"Cisura de Sylvius"

Lobo temporal

Tronco cerebral

Cerebelo

Medula

ATENÇÃO

O cérebro, que só se desenvolveu e desenvolve através da aprendizagem individualizada, é fruto da mediatização dos e com os outros seres humanos. O cérebro determinou e determina assim a aprendizagem humana, mas a aprendizagem contextualizada e mediatizada determinou e determina inexoravelmente a sua plasticidade funcional. Em síntese, a cognição humana aprende-se e ensina-se por meio de mediatização.

Quais são, então, os critérios em que deve decorrer essa experiência de aprendizagem mediatizada no contexto familiar e no contexto escolar?

3. Critérios da pedagogia mediatizada

Os paradigmas mais importantes da relação entre inteligência e a experiência de aprendizagem mediatizada podem ser sumariados do seguinte modo:

1) A inteligência é relativamente constante e os esforços para mudá-la através da educação apenas a aumentam modestamente;

2) A inteligência (habilidade nata dependente da matriz genética) sozinha não é suficiente para permitir uma percepção clara e efetiva, um pensamento plástico, uma aprendizagem disponível, uma resolução de problemas eficaz e uma adaptabilidade psicossocial contextualizada;

3) Um número finito de processos fundamentais de pensamento combina-se com uma certa emoção, com motivação e com fatores de atitude para constituir as funções cognitivas básicas que são necessárias para uma percepção sistemática e analítica, para um pensa-

mento integrado e elaborado, em suma, para uma aprendizagem disponível;

4) As funções cognitivas básicas podem ser adquiridas com mais proficiência através da experiência de aprendizagem mediatizada;

5) A aprendizagem cognitiva desenvolve-se a partir de uma combinação dialética entre a exposição direta aos acontecimentos ambientais e à aprendizagem mediatizada;

6) A quantidade, a qualidade, a intensidade, a frequência e a duração da mediatização para o desenvolvimento cognitivo adequado varia com as diferenças individuais, tais como os níveis genéticos de inteligência, a integridade sensorial, a estabilidade emocional e o apoio envolvimental;

7) A mediatização inadequada resulta num desenvolvimento cognitivo inadequado, implica a síndrome de privação cultural e tende a produzir uma ineficiente aprendizagem familiar, acadêmica e social;

8) A mediatização adequada pode resultar num nível superior de desenvolvimento cognitivo e numa aprendizagem familiar, acadêmica e social mais eficiente;

9) Promover a mediatização é o papel essencial dos pais, avós, irmãos ou irmãs mais velhos; numa palavra, dos mediatizadores, e, consequentemente, dos professores, no processo de transferência de cultura intergeracional, qualquer que ela seja;

10) Quando a sociedade e a escola falham na estimulação adequada das várias componentes do desenvolvimento cognitivo, tais aspectos podem ainda ser me-

diatizados em idades mais avançadas através de uma pedagogia ou ensino cuidadosamente mediatizados;

11) Os pais mediatizadores podem ser descritos como promotores do enriquecimento cognitivo dos seus filhos. Fazendo uso de processos interativos sistemáticos, os pais ilustram um importante estilo de ensinar: o *estilo da pedagogia mediatizada*.

4. Finalidades da pedagogia mediatizada

De acordo com Haywood (1995, 1992), a mediatização das experiências de aprendizagem dos mediatizados e jovens incluem, mas não são limitadas, funções, tais como:

• *Seleção de estímulos* – ajudar as crianças e jovens a reduzir o número e a complexidade das fontes de estimulação que estão em jogo nas situações, permitindo níveis de atenção mais regulados;

• *Focagem nos detalhes* – ajudar a criança e o jovem a fixar os aspectos mais relevantes de um estímulo complexo ou de uma situação complexa;

• *Repetição experiencial* – ajudar a criança e o jovem a reapreciar a apresentação de um estímulo importante;

• *Percepção e compreensão das semelhanças e diferenças* – ajudar a criança e o jovem a comparar atributos, propriedades, relações, sequências, dimensões, antecedentes e consequências das experiências e reforçar algumas operações mentais, tais como a categorização, o passado relativo, o presente e o futuro;

• *Provocar a generalização* – ajudar a criança e o jovem a fazer projeções das experiências vividas em novas situações.

Em situações mais planeadas, os mediatizadores escolhem e criam atividades que incidam sobre os princípios cognitivos e estratégias a serem enfatizados na criança ou no jovem. Os pais e os professores devem escolher atividades que permitam uma participação mais ativa e reflexiva.

Em síntese, os pais e os professores no papel de mediatizadores devem apresentar as situações às crianças, com as seguintes preocupações:

- Focar mais os processos que as respostas;

- Colocar questões sobre o processo e extrair as respostas dele;

- Solicitar justificação e fundamentação mesmo para as respostas corretas;

- Comunicar entusiasmo no processo de aprendizagem;

- Usar incentivos intrínsecos nas tarefas reduzindo os extrínsecos;

- Transferir princípios sobre domínios de contexto familiar e escolar;

- Relatar experiências familiares novas;

- Extrair regras e princípios das experiências quotidianas;

- Enfatizar a ordem e a previsibilidade das situações vividas;

- Estabelecer hábitos lógicos e criar insatisfação à volta da imprecisão, da incoerência e da falta de evidência lógica;

- Aceitar, quando possível, as respostas dos mediatizados e dos jovens, mas corrigir as respostas incoerentes ou incompletas, etc.

Todas as interações entre os adultos e as crianças têm algum potencial para serem uma interação mediatizada e para serem generalizadas à volta do conteúdo da situação imediata.

Uma interação dada será proveitosa para promover o desenvolvimento cognitivo dos mediatizados e dos jovens se depender da qualidade de concretização dessa interação respeitando as estratégias acima enunciadas.

Dentro dos critérios de experiência de aprendizagem mediatizada sugeridos por Feuerstein (1980) e Haywood (1995), os mais importantes são:

Intencionalidade

O mediatizador deve usar a interação com a finalidade de produzir mudança cognitiva no mediatizado, implicando-o num diálogo intencional e numa reciprocidade interindividual para facilitar a transmissão cultural.

Transcendência

A mudança intentada tem de superar a situação experiencial; ela deve ser generalizável, isto é, deve provocar uma *mudança cognitiva estrutural* que transcenda a situação imediata, relacionando-a com acontecimentos anteriores e futuros e com eventos de natureza similar, permitindo ao mediatizado extrair uma regra geral ou explicativa da sua vivência.

Significação

Os mediatizadores devem partilhar o objetivo cognitivo ou estratégico com os mediatizados, levando-os a compreender por que é que uma atividade particular tem que ser feita. Os mediatizadores devem estimular a discussão dos significados, dos conteúdos dos acontecimentos e das suas relações de generalização com acontecimentos (exemplo: "Por que é que pensas que é importante para nós fazermos isto? Sim, então nós teremos um plano, e saberemos o que vamos fazer à medida que avançamos"). As interações mediatizadas constituem um diálogo intencional verdadeiro, no qual cada participante procura a informação do outro e reconhece-a como relevante.

Os sentimentos que os mediatizados criam sobre as suas competências como aprendizes são extremamente importantes. Os mediatizadores devem conferir ao mediatizado o sentimento de competência que é inerente ao seu esforço na tarefa. Eles devem aceitar as respostas do mediatizado como um processo orientado com conhecimento e devem reforçar a sua realização de forma sempre positiva.

Em vez de simplesmente dizer: "Muito bem!", quando uma criança ou jovem faz algo bem feito, o mediatizador deve dizer: "Bom, você fez bem porque criou um plano, então você sabe o que fazer daqui para a frente".

As interações mediatizadas devem mostrar a confiança do mediatizador na habilidade dos mediatizados ou no empenho que eles colocam na realização das tarefas para aprenderem e aplicarem modos de pensamento apropriados e para adaptarem estratégias de resolução de problemas.

Regulação do comportamento

Os mediatizados, especialmente os mais inexperientes, precisam muitas vezes de aprender a controlar o seu comportamento de modo a centrarem a sua atenção na solução do problemas que está em mão.

Uma origem muito comum dos erros e dos lapsos nas tarefas de trabalho intelectual são as respostas impulsivas dos mediatizados: respondem antes de dar tempo de examinar a questão e de elaborar a possível solução, por isso erram mais e desmotivam-se mais frequentemente.

Um bom mediatizador ajuda os mediatizados a inibirem essas respostas e a melhorarem a sua qualidade e excelência. Por outro lado, por vezes eles não são capazes ou não têm vontade de responder mesmo quando os mediatizadores sabem que as respostas são acessíveis para eles. Ao criarem um ambiente expectante e seguro afetivamente, os bons mediatizadores ajudam as crianças a desbloquear as suas respostas.

Participação compartilhada

Os mediatizados e o mediatizador devem compartilhar a procura das soluções para os problemas imediatos e, mais importante, para as mudanças do desenvolvimento mental nos processos de pensar e de refletir.

Cada um dos atores deve ter uma função definida e a interação deve ser caracterizada por uma mútua confiança entre o mediatizador e o mediatizado.

Outros critérios, de acordo com os mesmos autores, constituem a experiência de aprendizagem mediatizada, como, por exemplo: a individuação e a diferenciação psicológica; a busca da planificação e satisfação de objetivos; a tomada de consciência do próprio funcionamento cognitivo; a mediatização do otimismo; a mediatização da novidade e da complexidade, e, finalmente, a tomada de consciência de que o mediatizado é um ser humano.

Critérios da EAM

- Intencionalidade e reciprocidade (interação intencional...).
- Transcendência (superar o imediato, penetrar no sist. necessidades...).
- Significação (persuasão e transmissão, comprometimento cultural...).
- Sentimento de competência (sucesso, promoção da autoestima...).
- Regulação e controle do comportamento (metacognição, pensar antes de responder, inibição da impulsividade...).
- Compartilhar competência e sentimento (contágio positivo, vibrar, repartir, o êxito, confiança e conforto...).
- Individuação e diferenciação (perfil intraindividual, áreas fortes, perfil das funções cognitivas disfuncionais...).
- Planificação e satisfação de objetivos (planificar, encorajar, conquistar e procurar objetivos, reforçar a perseverança...).
- Novidade e complexidade (expansão mental, excelência, MCE...).
- Conscientização da mudança (propensibilidade, evolução...).
- Crença no otimismo (ampliar o repertório de competências...).

Todos estes critérios, quando postos em prática pelos pais e professores na sua interação com os seus filhos e estudantes, desenvolvem neles a propensibilidade para aprender a aprender (FONSECA, 1999, 1996a).

5. Algumas diferenças das interações mediatizadas na família e na escola

Grande parte da mediatização das funções cognitivas tem lugar na sociedade, pois são realizadas pelos agentes primários da sociabilização, que são os pais. Embora a qualidade da mediatização seja diferente da dos professores, ela apresenta afinidades e especificidades próprias.

1) Como os esforços dos professores ocorrem depois das interações dos pais nos primeiros anos, os professores têm que lidar com crianças mais competentes, que apresentam um conjunto de habilidades motoras, linguísticas, cognitivas e sociais, de hábitos, de atitudes e de expectativas mais complexos, bem como lidam com uma acumulação mais rica de experiências e competências. Esta diferença importante permite aos professores moverem-se a um ritmo mais rápido e a desenharem situações mais ricas e mais variadas de experiências para a criança. Também significa que as próprias crianças podem ser levadas a participar mais ativa e intencionalmente.

2) Os mediatizadores familiares confiam em situações naturais como oportunidades para mediatizar, mas os professores, tendo várias crianças ou jovens que devem mediatizar de uma vez, normalmente criam as suas próprias situações para esse efeito. Como tais situações são mais planeadas, elas permitem aos professores controlar os seus parâmetros, estabelecer os seus objetivos e sequencializar a aprendizagem cognitiva dos mediatizados mais formalmente.

3) Os mediatizadores familiares usam mais frequentemente situações concretas, e têm que fazer um esforço para entender o significado destas situações de forma cognitiva mais generalizada. Como os professores usam situações planeadas e estruturadas, eles podem mover-se mais objetivamente para processos de pensamento representacional e lógico.

4) Os professores utilizam situações sociais com várias crianças ou jovens da mesma idade de desenvolvimento ao mesmo tempo, enquanto nas sociedades raramente existe mais de uma criança num dado nível de

desenvolvimento. A presença de outras crianças pode ser uma forte vantagem no processo de mediatização, porque as crianças ou jovens tendem a perceber os exemplos dos outros e as suas experiências muito mais do que as experiências dos adultos, e isto cria uma certa facilitação social no processo de aprendizagem. Claro que interações sociais negativas ou destrutivas podem também ser uma desvantagem para os professores.

5) Em geral, a mediatização escolar é mais estruturada, mais claramente direcionada pelo professor, mais focada dentro de objetivos cognitivos específicos e mais concentrada do que na mediatização familiar, mas ambas se completam e se interligam.

6. Alguns exemplos de mediatização

Cinco mecanismos de pedagogia mediatizada são especialmente úteis para ajudar as crianças e os jovens a adquirirem processos cognitivos importantes.

1) *Processo de questionamento* – Questionar é um mecanismo único para o desenvolvimento cognitivo. A maioria das perguntas que os mediatizadores fazem é mais frequentemente usada num processo natural: "Sim, mas como é que encontramos a solução, explica-me? De que outro modo poderíamos fazê-lo? O que devemos fazer primeiro, e como descobrir o que fazer a seguir?" Os modelos de perguntas ajudam as crianças e os jovens a focar a sua atenção nos seus próprios processos de pensamento e encorajam-nas a ocuparem-se em "pequenas conversas" similares com elas próprias.

2) *Processo de "transfere"* (*"bridging"*) – Um dos principais mecanismos da mediatização é o *transfere* (noção

de ponte, de relação – *bridging*), por meio do qual a atividade gera conceitos cognitivos, princípios e estratégias que são aplicados aos contextos mais habituais. É nestas aplicações, antes mesmo da memorização de frases verbais de níveis e princípios, que estes conceitos são aprendidos e se tornam consolidados e seguros. Por exemplo, quando se ensina o conceito de comparação em múltiplas dimensões, um professor pode pedir às crianças para pensarem noutras situações onde tal processo é suscetível de ser aplicado para as ajudar.

Assim que as crianças e jovens façam sucessivas tentativas para aplicar o conceito ou o princípio do pensamento numa grande variedade de situações e aplicações, eles aprendem o conceito ou o princípio do pensamento, o *bridging* deve ser feito com cuidado e frequentemente de acordo com os seguintes princípios:

- Os *transferes* ou as pontas devem ser licitados a partir dos mediatizados e dos jovens, não lhes devem apenas ser ditos;

- Os *transferes* devem ser dirigidos para perceber e compreender os acontecimentos e as circunstâncias que são mais habituais para os mediatizados;

- Os exemplos de *bridging* devem ser simples e diretos;

- Os exemplos de *bridging* devem ser incitados nos vários domínios da experiência, especialmente noutros contextos da escola, noutras situações do envolvimento familiar e social e noutras interações de grupo.

O *bridging*, como estratégia de mediatização, pretende juntar os princípios e as estratégias às aplicações. Como uma técnica de ensino mediatizado, o *bridging* significa falar sobre quando e como usar novos conceitos, relações, técnicas ou competências numa variedade de contextos. Cada aplicação nova ajuda a definir o tipo de situações nas quais um princípio dado pode ou não ser aplicado e ajuda a distinguir um princípio de outros com os quais talvez possa estar relacionado.

Um modo de pensamento cujos limites são compreendidos pode ser mais aplicado em futuras situações nas quais persista alguma ambiguidade nas aplicações. A prática da aplicação de novos modos de pensamento já adquiridos aumenta na criança o uso espontâneo dessas estratégias noutras situações. Uma ideia corrente no pensamento piagetiano é que o ensino dos processos cognitivos tem lugar durante o ato das suas aplicações.

3) *Provocar, ou solicitar justificação* – Um bom mediatizador estabelece o hábito de frequentemente comparar respostas corretas com incorretas. A comparação deve ser acompanhada pela máxima aceitação possível das respostas dos mediatizados ou dos jovens. Por exemplo: "Sim, você está certo, pode ser dessa maneira. Mas pode também olhar de outra maneira, e talvez descubra outra resposta melhor". Comparando as condições das respostas dos mediatizados quando elas não esperam qualquer confronto por parte do professor não significa que as suas respostas estejam erradas. Uma comparação correta pode ser: "Sim, está certo. Como é que você sabe que essa devia ser a resposta? Por que é que esta é melhor que qualquer outra? O que é que pode estar errado nesta? Pode dizer-me ou mostrar-me como é que pensou acerca disso, e como descobriu a resposta correta?" A intencionalidade com que o mediatizador coloca as questões deve ser orientada para produzir no mediatizado novas formas de análise,

comparação e verificação das respostas e novos processos de atenção, processamento, planificação de dados e execução de respostas.

4) *Ensinar regras* – Entender a necessidade das regras é um aspecto crítico da generalizabilidade e transferenciabilidade das respostas. Assim que um mediatizado consiga fazer uma regra aplicável, saberá o que fazer futuramente em situações similares. Os mediatizados devem ser questionados para generalizar frequentemente. "Podemos fazer uma regra acerca de como devemos fazer este tipo de problema? Se os pássaros vermelhos têm penas, os pássaros azuis têm penas, as águias têm penas e os pardais têm penas, você consegue pensar numa regra sobre os pássaros? Esta regra aplica-se ao falcão? E aos pinguins?"

Em complemento a esse modo de fazer a regra, os pais e professores mediatizadores devem pedir às crianças para comentar frequentemente sobre a utilidade geral das regras. "Ajudar-nos-ia ter uma regra neste caso? Qual? Como? Como é que podemos fazer uma? Quem é capaz de me apontar duas diferentes situações em que nós precisamos ter as regras em dia para saber o que fazer?"

5) *Enfatizar a ordem, a previsibilidade, a sistematização, a sequencialização e o uso de estratégias* – A atitude geral dos mediatizadores devia provocar nas crianças a noção de que existe ordem no universo, que os acontecimentos são previsíveis e se submetem a regras e que é necessário dispor de informação suficiente para concretizar respostas. Os mediatizadores deviam ser persuadidos a observar que os acontecimentos, os objetos e mesmo as pessoas estão normalmente ordenados em sistemas, que a sequência na qual se observa ou se fazem as coisas é importante e que a resolução dos problemas é frequente-

mente uma questão de procura e descoberta da estratégia mais efetiva.

Existem muitas formas específicas de mediatizar as funções cognitivas dos mediatizados; de fato, em vez de memorizar as sequências e usá-las repetidamente, os bons mediatizadores usam as suas próprias personalidades e as respostas que recebem dos mediatizados para regular o seu comportamento e selecionar as estratégias interativas mais eficazes.

Através da observação extensiva de bons mediatizadores, as perguntas e as frases mais usadas na interação foram as seguintes:

1) O que é que precisa fazer a seguir?

2) Diga-me como é que faz isso?

3) O que é que pensa que aconteceria se...?

4) Quando é que fez alguma coisa como esta, antes?

5) Como é que você se sentiria se...?

6) Sim, está correto, mas como é que você sabe que era o correto? Mostra-me?

7) Quando será a próxima vez que vai precisar de...?

8) Para, pensa, escuta e olha com cuidado para o que está fazendo.

9) O que pensa que é o problema?

10) Consegue pensar noutra maneira de podermos fazer isto?

11) Por que é que esta solução é melhor que qualquer outra?

12) Onde é que fez isso antes para ajudá-lo a resolver o problema?

13) Vamos fazer um plano para não nos esquecermos de nada.

14) Como é que você pode descobri-lo?

15) Como é ...diferente se...?

Porque se pensa, normal e erradamente, que as crianças e jovens com problemas não são capazes de comportamento simbólico, eles não participam numa larga velocidade de situações onde podiam ganhar um certo entendimento delas. Por exemplo, podem aprender que, em vez de responderem com agressão física a situações embaraçosas, é possível descarregar a sua impulsividade se antecipadamente falarem sobre os seus sentimentos e deixarem as pessoas saber que eles descobriram um comportamento mais correto.

Aumentar a competência no pensamento representacional é o objetivo primordial da experiência de aprendizagem mediatizada. Embora muitos educadores e psicólogos tivessem observado as imaginações ativas e criativas dos mediatizados, muitos persistem em acreditar que os mediatizados de pouca idade ou em idade pré-escolar são incapazes de raciocínio representacional e que os processos do pensamento devem por isso ser-lhes apresentados em contextos absolutamente concretos.

Em contraste, acreditamos que as crianças e os jovens com problemas são mais capazes de raciocínio lógico do que é usualmente pensado, e, por esse fato, os mediatizadores, pais ou professores, devem ajudá-los a fazer mais uso das suas funções cognitivas, em vez de os ensinar como se fossem meros receptores passivos de informação.

Em conclusão, a *pedagogia mediatizada* aplicada no contexto familiar e escolar pode evitar muitas perturbações emocionais e comportamentais, deixando rastos numa infância dolorosa ou numa adolescência atípica, ao mesmo tempo que pode criar crianças e jovens mais competentes, alegres e motivados para aprender, isto é, mais solidários. Como a vida familiar constitui a primeira escola de aprendizagem, os pais devem investir mais na interação mediatizada para os tornar socialmente mais hábeis; também na escola os professores, por meio da mediatização, podem criar futuros adultos mais solidários e mais aptos a responderem aos desafios complexos da sociedade futura. Em síntese, se queremos uma sociedade mais solidária, a família e a escola terão que ser mais mediatizadas.

4
Dificuldades de aprendizagem: o papel do cérebro na aprendizagem

1. Introdução

O conceito de dificuldades de aprendizagem (DA) introduzido por Samuel Kirk em 1963 não é ainda hoje consensual, quer em termos de elegibilidade quer de identificação. Todavia a condição de DA é amplamente reconhecida como um problema que tende a provocar sérias dificuldades de adaptação à escola, e frequentemente projeta-se ao longo da vida adulta.

Apesar das grandes e rápidas mudanças operadas na fundamentação teórica, da explosão incomensurável da investigação produzida nas últimas décadas, das medidas políticas e educacionais avançadas para responder ao crescimento preocupante do insucesso e do abandono escolar, das fracas *performances* dos estudantes em exames nacionais e internacionais, das várias tentativas para aumentar a qualidade de formação dos professores, das pressões exercidas pelos pais etc., as DA continuam a gerar inúmeras controvérsias.

Os indivíduos com DA, portadores de um potencial intelectual dito médio, sem perturbações visuais ou auditivas, motivados em aprender e inseridos num processo de ensino eficaz para a maioria, revela *dificuldades inesperadas* em vários tipos de aprendizagem, sejam:

• de índole escolar e ou acadêmica, isto é, *simbólica ou verbal*, como aprender a ler, a escrever e a contar;

• de índole psicossocial e ou psicomotora, isto é, *não simbólica ou não verbal*, como aprender a orientar-se no espaço, a andar de bicicleta, a desenhar, a pintar, a interagir socialmente com os seus pares, etc.

As DA podem criar obstáculos e impedimentos inexplicáveis para aprender a falar, a ouvir, a ler, a escrever, a raciocinar, a resolver problemas matemáticos, etc., e podem prolongar-se ao longo da vida.

Trata-se de um tema de reflexão interdisciplinar complexa, exatamente porque o *sujeito* (aluno, estudante, formando, etc.) quando aprende uma dada *tarefa* (ler, escrever, contar, pensar, etc.) apresenta uma combinação única e original de talentos (áreas fortes) e de vulnerabilidades (áreas fracas), ou seja, um *perfil de aprendizagem* muitas vezes não detectáveis pelos instrumentos de diagnóstico habitualmente mais utilizados. Os próprios testes formais de inteligência (que apuram o Quociente Intelectual – QI) não são suficientes para identificar DA, pois há crianças ou jovens e também jovens sobredotados, logo, com QIs superiores à média, que revelam dislexias, disortografias e discalculias, ou seja, dificuldades específicas na aprendizagem.

Pesquisas internacionais têm convergido em *alguns consensos* sobre o fenômeno das DA, como por exemplo:

• a sua *diversificação*, embora cerca de 80% se enfoquem na dislexia e na disortografia;

• a sua ocorrência em *todos os níveis de QI* (e em *todos os níveis socioeconômicos*;

• o seu *envolvimento genético* e a sua constatação em várias gerações na mesma *família*;

- a sua *comorbilidade*, especialmente com a epidemia silenciosa dos défices de atenção com ou sem hiperatividade;

- os seus *sinais de discrepância*, entre o potencial de aprendizagem normal e o seu aproveitamento escolar abaixo do normal;

- as suas *estruturas cerebrais atípicas* (assimetrias hemisféricas, etopias, displasias, etc.);

- os seus *pré-requisitos linguísticos* (fonológicos, morfológicos, semântico-sintáxicos, léxicos, etc.);

- os seus *pré-requisitos cognitivos* (conhecimento básico e processamento de informação: *input* – integração/planificação – *output* – *feedback*) com fraca automatização descodificativa e codificativa (hipótese de disfuncionamento cerebeloso e vestibular), etc.

Apesar da constatação de vários consensos, as *controvérsias* subsistem e as discussões não terminam, porque muitas perguntas ainda geram muita incerteza. Será que as DA ilustram um fluxo contínuo de dificuldades, desde a comunicação não verbal à verbal? Desde os défices da linguagem falada à linguagem escrita e quantitativa? Os problemas na aprendizagem são fenômenos distintos? As crianças ou os jovens e jovens disléxicos são diferentes das crianças ou dos jovens maus leitores? As DA sutis e severas são discutíveis na sua natureza? Que nível de análise queremos dedicar às DA? Basta o nível psicológico com os testes de inteligência? A abordagem médica, seja genética ou neurocientífica, é por si só concludente, resolve? A questão das DA ultrapassa-se puramente com uma visão sociocultural, sócio-histórica ou pedagógica? As DA são intrínsecas ao indivíduo ou ao sistema educacional, ou resultam das suas interações complexas? O diagnóstico tem fornecido explicações sobre as causas? Porque é que o diagnóstico tradicional não proporciona estratégias de intervenção reeducativas eficazes? As DA serão recuperáveis com intervenções uniterapêuticas ou unirreabilitativas milagrosas (psicofarmacológicas, visuais, posturais, fonológicas, metodológicas, etc.), ou deverão ter em vista uma intervenção multidisciplinar e mais coterapêutica?

Não causa estranheza, portanto, que as DA ainda não mereçam ou desfrutem duma *definição consensual* entre os vários profissionais que atuam nesta área, desde médicos a psicólogos, professores, formadores, terapeutas, investigadores, sociólogos, etc. Há muitas opiniões, pouca informação e restrito e controverso conhecimento sobre o assunto.

Algures (FONSECA, 2004, 1984) definimos o conceito das DA como um conjunto heterogêneo de desordens, perturbações, transtornos, discapacidades, ou outras expressões de significado similar ou próximo, manifestando dificuldades significativas, e ou específicas, no *processo de aprendizagem verbal*, isto é, na aquisição, integração e expressão de uma ou mais das seguintes habilidades simbólicas: compreensão auditiva, fala, leitura, escrita e cálculo.

Diversos autores (MYKLEBUST, 1975; DENCKLA, 1991; FOSS, 1991; MATTE & BOLASKI, 1998; ROURKE, 2005, 1995a, 1995b, 1994, 1993, 1989, 1988, 1987, 1985, 1975), entre os quais nos colocamos (FONSECA, 2004), incluem no conceito das DA, não só as *DA verbais e simbólicas*, mas igualmente um espectro diversificado de *DA não verbais ou não simbólicas*, envolvendo combinações de problemas de orientação, posição e visualização espacial, de atenção e concentração, de psicomotricidade, de integração, de imitação, de percepção e de competência social, etc., reforçando a explicação filogenética e neurofuncional dos dois hemisférios cerebrais em qualquer tipo de aprendizagem humana.

As DA envolvem deste modo *subtipos* relacionados com os *dois hemisférios*:

- o *esquerdo* mais centrado nos subtipos verbais, fonológicos ou psicolinguísticos (dificuldades de leitura e de escrita);

- o *direito* nos subtipos não verbais ou psicossociais.

Não sendo mutuamente exclusivos, mas intimamente conectados, os diferentes subtipos decorrem de investigações, com cerca de 40 anos, que colocam dois aspectos da definição das DA: a geral e a subtípica.

A *definição geral* sugere subtipos formais relacionados com o aproveitamento escolar, e também subtipos informais relacionados com o comportamento social, cabendo em cada um deles, respectivamente, outros subtipos mais específicos.

As *DA não verbais* (DANV) são efetivamente caracterizadas por um padrão específico de dificuldades acadêmicas, ou seja, adequada leitura e escrita, mas revelando problemas de aprendizagem matemática, e, paralelamente, de dificuldades de aprendizagem social consubstanciada no uso mais eficiente das funções verbais do que das funções não verbais em situações sociais, configurando dificuldades de comportamento adaptativo e psicossocial.

Ao contrário, o padrão das *DA verbais* (DAV) sugere dificuldades acadêmicas mais na leitura e na escrita do que na matemática, e dificuldades não verbais ilustrando mais eficiência no uso da informação não verbal do que da informação verbal em situações sociais.

As crianças ou os jovens com DANV abaixo dos 4 anos geralmente acusam ligeiros *défices no funcionamento psicossocial*, porém mais tarde, por volta do primeiro ano de escolaridade, revelam sinais de externalização psicopatológica, que podem muito bem evocar hiperatividade e inatenção. O quadro pode evoluir na adolescência para sinais de internalização com traços de isolamento, ansiedade, depressão, comportamento atípico e défices nas competências sociais.

Emerge desta recente subdivisão das DA um axioma crucial para a sua compreensão, ou seja, a relação intrínseca entre a *aprendizagem* e a *integridade do cérebro*, ou entre as *DA* e as *disfunções cerebrais*, consubstanciado no seu processo neuromaturacional e neurofuncional dinâmico, quer na criança ou no jovem, quer também no jovem DA, a expressão de múltiplas *relações e interações intra e inter-hemisféricas* que a sustentam.

Vários estudos de neuroimagem e de eletroencefalografia envolvendo respostas evocadas (ROURKE, 2005) tem-no demonstrado sistematicamente. Muitos défices neuropsicológicos detectados num variado conjunto de doenças neuropediátricas (síndrome de Asperger, hidrocefalia precoce, síndrome de Williams, etc.) apontam sinais do fenotipo das DANV, sugerindo, para tais casos, o mesmo modelo de programas de intervenção e enriquecimento psicoeducacional.

Em síntese, as DA deverão abranger no futuro um enquadramento teórico e desenvolvimental mais alargado do que o habitual, enquadramento que as tem limitado às questões sociais mais prementes como são as aprendizagens escolares. Independentemente de muitas investigações terem contribuído com muitos dados e com várias explicações teóricas para o esclarecimento das DA, ainda subsistem muitos abismos para as compreendermos na sua complexidade e diversidade, daí a ineficácia reconhecida, ao longo de muitos anos, dos instrumentos de diagnóstico e de intervenção.

2. Parâmetros de definição

Os axiomas de definição mais discutidos devem ter em consideração que as DA:

1) *Ocorrem num contexto educacional adequado com condições e oportunidades de ensino suficientes, ditas eficientes*, consequentemente não atípicas ou irregulares, isto é, sugerem que a criança ou o jovem está, ou foi, integrada num sistema de ensino adequado para a maioria, quer no ajustamento do currículo, quer na competência pedagógica e instrucional dos professores. Caso contrário, as dificuldades de aprendizagem podem refletir dificuldades de ensino ou *dispedagogia*.

O *processo de ensino-aprendizagem* encerra um paradigma complexo de interação entre três componentes: o professor, o currículo (conjunto de tarefas) e os alunos, que podem em síntese ser equacionados em dois modelos: o isósceles e o equilátero.

O *modelo isósceles* sugere que o professor mantém com o currículo (ou com o método de aprendizagem), dito "oficial" ou tradicional, estreito respeito com a operacionalidade das suas práticas pedagógicas, ignorando ou negligenciando o estilo de aprendizagem, as competências de processamento de informação e o nível dos pré-requisitos (nível de prontidão) dos alunos. A tendência deste modelo é gerar por falta de coibição entre as suas componentes mais DA e mais insucesso escolar.

Em contrapartida, o *modelo equilátero* sugere que o professor, além de dominar o currículo, pode estruturá-lo e geri-lo por vários níveis de aprendizagem: lenta, normal ou rápida, e também toma em consideração as características do potencial de aprendizagem, a diversidade e a heterogeneidade do perfil cognitivo (áreas fortes e fracas) dos seus alunos. A tendência deste modelo é promover uma interação sistêmica e flexível entre os três componentes, promovendo assim modificabilidade e sustentabilidade dos processos de ensino-aprendizagem envolvidos, minimizando, consequentemente, as DA e o insucesso escolar.

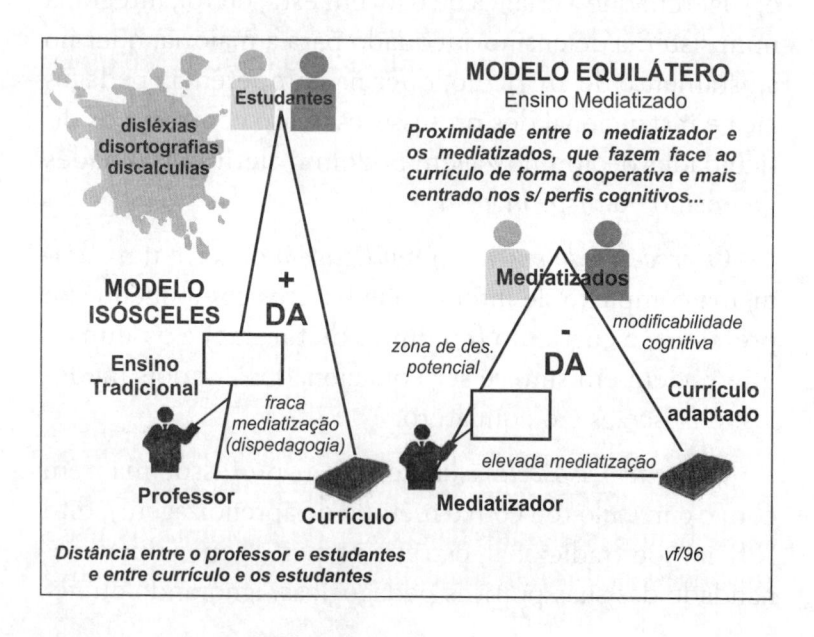

Neste contexto, o elo mais fraco que são os alunos (clientes do sistema), e a razão de ser da instituição escolar, não pode continuar a ser o único componente indicador na definição.

2) *Ilustram um perfil de discrepância entre o potencial de aprendizagem intelectual normal e o rendimento ou o desempenho escolar abaixo do normal*. Estamos de acordo que o critério do Quociente Intelectual (QI) seja utilizado, logo valorizamos o papel do exame psicológico. Para evitar confusões com o limite intelectual superior medido por testes estandardizados (WISC), a definição de deficiência mental de fronteira (*borderline*) equivale a um QI 68-80, segundo a Associação Americana de Deficiência Mental (CORREIA, 1997; CORREIA & MARTINS, 1999; RAPOSO, 1995, 1998; HEWARD, 2003).

Em contrapartida, a definição do nível intelectual das DA proposto pela National Joint Commitee on Learning Disabilities – NJCLD (LERNER, 2003) só pode ser considerado em termos de $QI = ou > a\ 80$, isto é, quando se situa ligeiramente abaixo de um desvio-padrão negativo da média (QI = 85) ou acima da média da inteligência (QI > 100 - 145).

Em resumo, as DA em nenhum critério de diagnóstico confiável podem ser conotadas com deficiência mental; constituem em termos de necessidades especiais por essa característica um grupo completamente distinto.

As DA podem ocorrer mesmo em criança, ou jovem e também em jovens sobredotados, pois há muitos exemplos de figuras eminentes da cultura, da economia, da arte e da ciência que foram identificados com DA na sua infância e adolescência (Agatha Cristhie, Nelson Rockefeller, Leonardo da Vinci, Rodin, Walt Disney, Tom Cruise, Einstein, Edison, Faraday, etc.).

A questão do potencial de discrepância sugere a colocação de um outro axioma das DA, o *potencial de integridade neuropsicológica* (PINP). Estimado e diagnosticado normalmente por neuropsicólogos deverá aqui ser também respeitado, *não sendo identificável qualquer deficiência ou patologia* nas crianças, ou jovens e também jovens DA, seja sensorial (visão ou audição), mental, neurológica ou motora.

Apesar do PINP ser invulnerável e intacto à luz dos diagnósticos mais comuns e familiares, a maioria das crianças ou jovens e também jovens DA acusam uma *combinação de habilidades e dificuldades* (disfunções, distúrbios, dificuldades, problemas, etc.), *que afetam o processo de aprendizagem* onde necessariamente o funcionamento do cérebro (dos dois hemisférios e das três unidades funcionais lurianas) está implicado, como o órgão da aprendizagem por excelência que é, cuja transformação neurofuncional mais acelerada ocorre exatamente durante os anos iniciais da escolaridade.

O perfil de aprendizagem (*áreas fracas*) pode ser identificado em áreas como:

- a atenção voluntária e a concentração;

- a velocidade de processamento simultâneo ou sequencial da informação visual, auditiva ou táctilo-quinestésica;

- a discriminação, a análise e a síntese perspectiva nas várias modalidades;

- a memória de curto termo;
- a cognição (*input*-integração/planificação-*output*);
- a expressão verbal (elaboração, articulação, etc.);
- a psicomotricidade (tonicidade, equilibração, lateralização, somatognosia, praxia global e fina), etc.

As áreas mais vulneráveis estão particularmente relacionadas com o *domínio e o uso da linguagem escrita* (descodificação e codificação), podendo integrar problemas de notação alfabética, numérica ou outra.

As DA podem resultar, portanto, da combinação de *défices de processamento*, quer fonológico, quer visual ou auditivo, com reflexos na rechamada lenta ou na recuperação pouco automatizada de dados da informação, daí a razão de alguns *défices cognitivos* que têm sido associados a determinadas causas de ordem neurológica.

O conjunto destes défices que podem ter várias causas, principalmente ocorridas no desenvolvimento neurológico precoce (GESCHWIND & LEVITSKY, 1968), podem produzir dificuldades na aquisição da leitura, da escrita, do ditado, da resolução de problemas, etc., que só podem ser ultrapassados com métodos de aprendizagem alternativas. É fundamental compreender que cada criança, ou jovem ou também jovem DA, é um ser aprendente diferente, e, por esse fato, deve ser avaliado e habilitado como um indivíduo total, único e evolutivo.

Muitas crianças ou jovens e também jovens com dificuldades na literacidade podem revelar competências e talentos interessantes noutras áreas e apresentar aproveitamento escolar adequado; muitos deles chegam mesmo a concluir cursos superiores.

Uma das razões das dificuldades na leitura e na escrita pode ser encontrada no PINP atrás focado, ou seja, na integridade e na especialização dos dois hemisférios.

Ler por exemplo exige: a descodificação e consciencialização de fonemas; um rápido processamento sequencial de optemas; um mapeamento cognitivo compreensivo, etc., isto é, processos neurológicos componentes do ato da leitura, que ocorrem e são dirigidos pelo hemisfério esquerdo. A sua lesão provoca a *alexia*, ou seja, uma incapacidade de leitura.

Como inúmeras investigações têm provado (GALABURDA, 1989, 1985; GALABURDA e col. 2005, 1979, 1978), as crianças ou os jovens DA, sobretudo disléxicas, possuem um hemisfério direito mais potente que o esquerdo, por isso tendem a apresentar talentos nas competências visuoespaciais, visuoconstrutivas e visuográficas, nas competências de resolução de problemas, nas competências holísticas de pensamento, nas competências musicais, etc. As funções analíticas, como as fonológicas e sequenciais da leitura, ao contrário das globais, são-lhes mais difíceis de dominar.

Muitos dos disléxicos chegam a ser considerados pensadores espaciais, cujos talentos no âmbito da criatividade, da computação e da arte fazem parte já da história das DA.

3) *A definição de DA deve conter fatores de exclusão, não devendo* relacionar-se com qualquer tipo de deficiência como vimos atrás, implicando consequentemente a integridade bio-psico-social do indivíduo (sensorial, socioemocional, mental, motora, cultural, etc.).

A criança ou o jovem e também o jovem com DA não aprendem normal ou harmoniosamente, mas não são portadores de deficiência visual, auditiva, mental, motora ou socioemocional, nem as DA podem resultar ou emergir, num contexto social de privação afetiva, de miséria, de pobreza, de abandono ou desvantagem socioeconômica ou socioafetiva.

4) *A definição de DA*, por último, *deve conter fatores de inclusão*, que efetivamente as caracterizem psicoeducacionalmente como necessidades ou características invulgares, e que se enfocam essencialmente nos *problemas de processamento de informação* que são a essência do processo da aprendizagem, que envolve a interação entre o *ser aprendente* (ex.: o aluno, o estudante, o formando, o sujeito, etc.) e a *tarefa* (ex.: ler, escrever, contar, etc.).

3. Problemas de processamento de informação: o papel do cérebro na aprendizagem

Temos assinalado que as DA estão relacionadas com problemas de processamento de informação.

O que significa exatamente o *processamento de informação*?

Quando alguém aprende qualquer coisa, como ler ou escrever, está sempre em jogo um processo de informação entre o *sujeito aprendente* (o aluno) e a *tarefa*, neste exemplo, a leitura ou a escrita.

Independentemente de qualquer processo de aprendizagem ser diferente para cada criança ou jovem ou também jovem com DA, dado o seu perfil de característica ser único e individual como falamos atrás, a aprendizagem envolve sempre uma *interação entre o sujeito e a tarefa.*

Para perceber então o que é a aprendizagem, isto é, uma *mudança de comportamento provocada pela experiência*, entre um momento inicial, em que a tarefa não é dominada, e um momento final, onde a tarefa passa a ser dominada e automatizada, teremos de encarar ambos os componentes:

- por um lado, o *sujeito aprendente*, o sujeito, o aluno;

- por outro, a *tarefa* (ler ou escrever), incluindo os materiais e os recursos a serem utilizados no processo de aprendizagem.

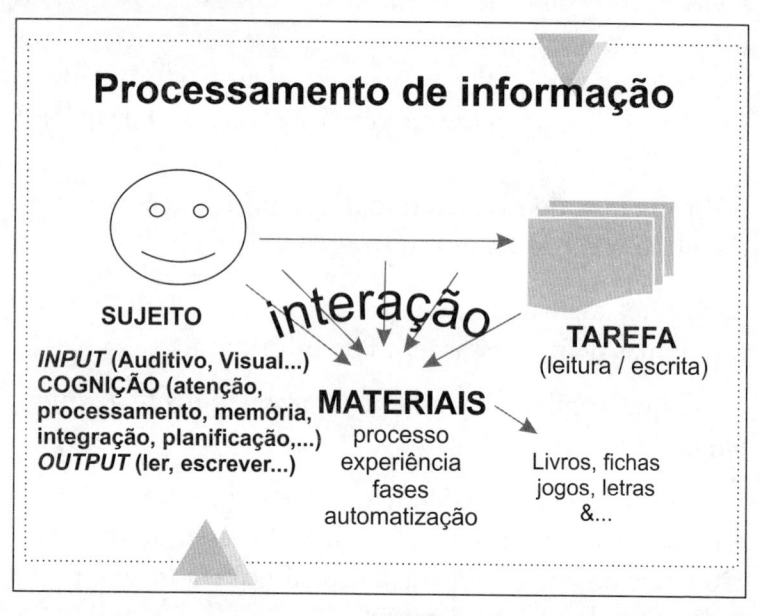

No ser aprendente, a aprendizagem envolve inevitavelmente o *cérebro*, o *órgão da aprendizagem* (e da civilização), que tem de processar informação para que ela se verifique. Quando se aprende o cérebro necessita de processar o material a ser aprendido, independentemente de cada sujeito o realizar de forma diferente, de acordo com a preferência do seu *estilo de aprendizagem*.

A leitura, por exemplo, implica processar letras que têm categorizações fonológicas específicas para serem descodificadas e compreendidas. De um processo de captação visual, o cérebro tem em seguida de categorizar formas de letras com sons, por meio de processos auditivos complexos a fim de inferir significações cognitivas contidas em palavras que compõem um texto.

A informação uma vez integrada, depois de devidamente descodificada, terá de ser retirada e armazenada, a fim de gerar a compreensão, o nexo e a sequência de eventos da informação escrita.

A criança ou o jovem para ler terá de envolver o seu cérebro em *funções psíquicas superiores*, como: a atenção e a concentração; a discriminação, a análise e síntese de letras e sons; a compreensão do sentido do texto; a rememorização das suas conexões e relações narrativas; a recordação dos atores, das personagens e dos locais referidos; a rechamada dos pormenores e detalhes do texto; o desenvolvimento de conclusões, etc.

A criança ou o jovem que tem problemas de atenção, de percepção analítica, de memorização e rechamada de dados de informação, para além de outros, terá dificuldades de reconto e de compreensão de significações na leitura.

Ela não tem acesso à informação porque o seu processamento é frágil e fragmentado, porque o seu cérebro não opera de forma harmoniosa, eficaz e integrada, pois a interação entre ela e a tarefa não se verifica; consequentemente poderão emergir dislexias, disortografias ou discalculias, ou seja, as célebres DA.

O cérebro não causa lesões, está intacto, mas as DA emanam por vulnerabilidade sistêmica dos seus processos de informação.

A lesão cerebral grave, por exemplo, pode implicar diversas *incapacidades de aprendizagem* (afasias, agnosias, apraxias, alexias, agrafias, acalculias, etc.); em contrapartida, as lesões cerebrais mínimas, que estiverem na fase de fundação do estudo das DA, podem implicar não incapacidades, mas *dificuldades de aprendizagem* (disfasias, disgnosias, dispraxias, dislexias, disgrafias, discalculias, etc., embora nem sempre sejam detectadas com os processos de diagnóstico neurológico mais avançados, como por exemplo: a eletroencefalografia, a ressonância magnética, a emissão de pósitrons, etc., técnicas estas que ajudaram imensamente a compreender a natureza neurofuncional das DA (GALABURDA, 2005).

A aprendizagem compreende assim, um processo funcional dinâmico que integra quatro componentes cognitivos essenciais:

- *input* (auditivo, visual, táctilo-quinestésico, etc.);

- *cognição* (atenção, memória, integração, processamento simultâneo e sequencial, compreensão, planificação, autorregulação, etc.);

- *output* (falar, discutir, desenhar, observar, ler, escrever, contar, resolver problemas, etc.);

- *retroalimentação* (repetir, organizar, controlar, regular, realizar, etc.).

Aprender, portanto, envolve três unidades funcionais do cérebro em perfeita interação (LURIA, 1973a, 1973b, 1966, 1965; DAS e col., 1979; FONSECA, 2004, 2002, 2001, 1998, 1992, 1984); se essa dinâmica neurofuncional não for harmoniosa, o indivíduo pode então experimentar DA.

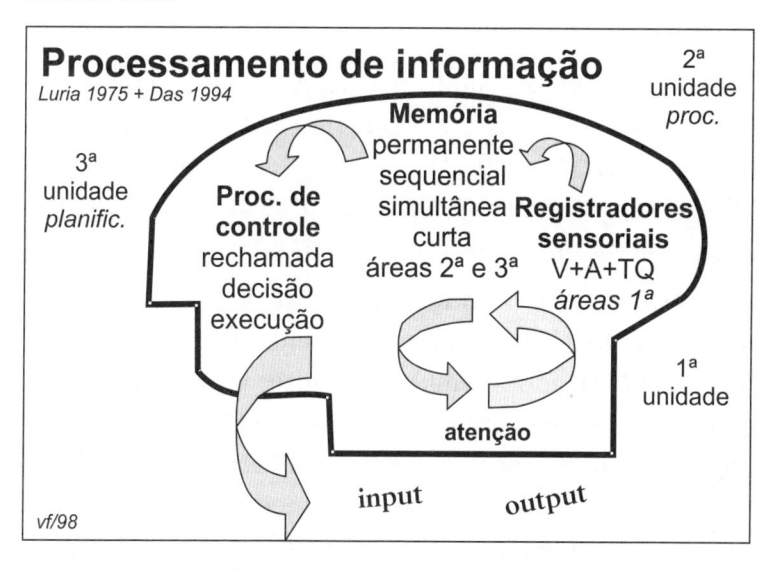

Deste modo, as *crianças ou os jovens disléxicos*, por exemplo, podem experimentar dificuldades ao *nível do input*, quer com problemas de atenção sustentada, quer de discriminação de fonemas, ou ao *nível da cognição*, quando envolve processos de compreensão ou de retenção e rechamada de dados de informação contidos no texto, o que requer estratégias de recuperação e criação de esquemas, planos internos ou enquadramentos ideacionais, e concomitantemente experimentar igualmente dificuldades ao *nível do output*, quando lhes é solicitada a produção de um resumo escrito ou falado do mesmo.

A não ocorrência desta *arquitetura cognitiva sistêmica* que obviamente preside à aprendizagem pode gerar nas crianças ou jovens e também nos jovens DA muita *confusão e frustração*, razão pela qual elas estão na origem de muitos problemas motivacionais e emocionais, muitas vezes acrescidos por falta de sensibilidade do envolvimento educacional e clínico.

A apresentação da informação, às crianças ou jovens e também aos jovens com DA, assume assim um papel muito relevante, podendo não só minimizar a confusão no seu processo de informação, como promover as suas funções cognitivas e implicar uma aprendizagem com sucesso.

Neste contexto, muitas investigações neurológicas e neuropsicológicas em crianças, jovens e jovens disléxicos têm demonstrado anomalias intrínsecas no seu cérebro como: assimetrias cerebrais, etopias, displasias, desorganização da arquitetura e da migração neuronal, etc. (GALABURDA, 1989, 2005), donde obviamente resultam disfunções ou dificuldades nas funções psíquicas superiores.

Geschwind (1985, 1972, 1962) estudou as *assimetrias do cérebro*, tendo descoberto que a aprendizagem da linguagem requer a especialização do hemisfério esquerdo como já tínhamos visto. O mesmo autor, considerado um pioneiro no estudo das DA, identificou em disléxicos, por meio de técnicas inovadoras como a citoarquitetura, a ausência, e, também, a inversão de tal assimetria, assim como a presença de dois *planum temporais* pequenos, ao contrário dos indivíduos que aprendem normalmente, que apresentam um *planum temporale* nitidamente maio: no hemisfério esquerdo em comparação com o do hemisfério direito.

Sem uma *especialização hemisférica*, onde entra a importância do fator psicomotor da lateralização (FONSECA, 1992), a função da linguagem é obviamente pobre e vulnerável, pondo em destaque o papel da *migração celular*, cuja malformação local desestrutura as interações corticais e corticotalâmicas que são necessárias às aprendizagens simbólicas da leitura e da escrita.

Como a aprendizagem exige a integridade de vários substratos neurológicos, tais malformações tendem a criar défices cognitivos que claramente interferem com o processamento de informação atrás evocado.

Para além de *défices perceptivos* (ditos de *input*), as redes neuronais alteradas afetam o processamento rápido de fonemas, optemas, articulemas e grafemas, gerando em consequência *défices cognitivos centrais*, e é por isso que os indivíduos disléxicos revelam inúmeros *défices de desempenho* (ditos de *output*), quer na precisão, quer na velocidade, nas competências linguísticas expressivas.

Várias investigações nesta linha de pesquisa têm demonstrado correlações entre a *migração neurológica atípica*, as *desordens imunológicas*, o *esquerdismo* e a *dislexia*, e muitas delas discriminam efeitos hormonais que têm diferenciações sexuais claras.

Os *esteroides*, por exemplo, parecem ter um papel relevante na modulação da lateralização cerebral, tendo sido descoberto que a testosterona (hormônio masculino) pode provocar alterações na plasticidade talâmica que surgem a partir de uma lesão cortical precoce que leva às tais migrações celulares atípicas.

Outro axioma da prevalência das DA, que as situam predominantemente no *sexo masculino* em inúmeros estudos, parece assim ser desvendado.

Para além destes estudos do âmbito neurológico, os *estudos genéticos* fornecem outros dados interessantes sobre as DA, tendo já sido identificados genes normais como precursores da dislexia.

Um número distinto de *cromossomas humanos* (1-3, 6, 11, 15, 18 e cromossoma X, para além de outros – TAIPALE e col. 2003; WIGG e col., 2004) tem sido apontado como susceptível de provocar dislexia. Como o desenvolvimento neurológico tem algo a ver com os genes, é fácil perceber que um *gene atípico* pode interferir com as migrações celulares, e, em última análise, evocar fenotipos disléxicos.

Com base nestas formulações baseadas em genes mutantes podemos encontrar algumas explicações por que é que as disfunções visuais, auditivas, fonológicas e cerebelosas são indicadas em muitas investigações em crianças ou jovens e também jovens disléxicos.

A resolução futura da dislexia poderá estar na investigação neurológica e genética. Depois destes dados parece que as terapias específicas daqui resultantes, especialmente em fases precoces do desenvolvimento neurológico, podem efetivamente fazer a diferença (GALABURDA, 2005).

Tais pesquisas, porém, não reduzem as DA a uma explicação neurológica pura, tendo em atenção os fatores neuroevolutivos transientes entre o organismo e os ecossistemas.

Aprender é, inequivocamente, a tarefa mais relevante da escola. Muitas crianças ou jovens aprendem sem dificuldades, porém outras, apesar do seu potencial de aprendizagem normal, não aprendem por meio de uma instrução convencional.

A diversidade das DA é imensa. Provavelmente, no teatro da *educação inclusiva*, a sua população é a que acusa maior amplitude de recursos e serviços.

Ter consciência dos problemas das crianças ou jovens e também dos jovens com DA passa por respeitar alguns dados de investigação que acabamos de rever, na medida em que tais dados têm implicações para a sua identificação precoce e diagnóstico psicoeducacional.

4. Identificação precoce e avaliação psicopedagógica dinâmica

Cada criança ou jovem DA deve ser identificada como um indivíduo total, dadas as características únicas do seu perfil de desenvolvimento e de aprendizagem (*diferenças intraindividuais*), daí a importância das formulações emergidas das investigações a que fizemos referência, formulações essas que têm muitas implicações para a avaliação das DA, e, especialmente, para a sua identificação precoce.

A necessidade de treinar profissionais para a *identificação precoce* é por isso crucial, assim como a recolha de dados de muita gente, incluindo os próprios *pais*.

A educação consubstancia, como sabemos, um processo de transmissão cultural entre gerações: os pais e os professores (seres experientes), e as crianças ou jovens e os alunos (seres inexperientes), ou seja, uma interação humana que é exclusiva da espécie e que consubstancia a *sociogênese* (FONSECA, 2001).

Todo o processo de interação da criança ou jovem desde que nasce até que entra para as instituições escolares é a chave determinante para identificar *sinais de risco* que interferem com a *maturidade e qualidade dos pré-requisitos* que podem tender, mais tarde, para as DA ao longo do percurso escolar.

As crianças ou os jovens privados ou muito desfavorecidos socioculturalmente (não esqueçamos o paradigma das *"crianças ou os jovens lobos"*), por exemplo, apresentam muitas DA por outras razões que não biológicas ou neurológicas, mas essencialmente por razões do tipo psicossocial que acabam por interferir, dialeticamente, com aquelas.

A *fragilidade do seu desenvolvimento neurológico* expresso em atrasos de vária ordem: psicomotores, linguísticos, cognitivos, socioemocionais, etc., é um impedimento sério para o desenvolvimento de competências de aprendizagem.

A *identificação precoce das DA na Educação Infantil*, ou mesmo antes, constitui, portanto, uma das estratégias profiláticas e preventivas mais importantes para a redução e minimização dos seus efeitos, pois neste período crítico de desenvolvimento a plasticidade neuronal é maior, o que quer dizer que os efeitos de uma intervenção compensatória e em tempo útil podem ter consequências muito positivas nas aprendizagens posteriores.

Para se desenvolverem estratégias preventivas temos que considerar, para além dos educadores e dos professores, os próprios pais, pois como conhecem muito bem os seus filhos podem notar neles padrões de desenvolvimento diferentes mesmo no seio da mesma família.

Os pais podem notar que um dos seus filhos tem mais dificuldades em dominar o alfabeto que outro, ou que tem mais relutância para aprender a ler ou é mais distraído e descoordenado.

As preocupações dos pais a respeito destas questões devem ser seriamente consideradas, pois na sua observação diária e na sua reflexão não profissional podem evocar *sinais* muito importantes para organizar uma avaliação dinâmica do potencial de aprendizagem dos seus filhos.

Alguns sinais podem comprometer o processo do desenvolvimento normal nas suas fases precoces, e por via deles implicar diferentes problemas nos estádios da aprendizagem a ele inerentes.

Quais os sinais mais importantes que devem causar preocupação durante os anos da pré-escola?

De acordo com alguma literatura especializada (JANSKY & HIRSCH, 1972; LERNER, 2003; FONSECA, 2004), os principais sinais apontados são:

- esquecimento;
- dificuldades de expressão linguística;
- inversão de letras (escrita do nome em espelho);
- dificuldades em relembrar as letras do alfabeto;
- dificuldades em recuperar a sequência das letras do alfabeto;
- se há alguma história de DA na família;
- dificuldades psicomotoras (tonicidade, postura, lateralidade, somatognosia, estruturação e organização do espaço e do tempo, ritmo, praxia global e fina, lentidão nas autossuficiências);
- dificuldades nas aquisições básicas de atenção, concentração, interação, afiliação e imitação;

- confusão com pares de palavras que soam igual (ex.: nó-só; tua-lua, vaca-faca, etc.);

- dificuldade em nomear rapidamente objetos e imagens;

- dificuldades em reconhecer e identificar sons iniciais e finais de palavra simples;

- dificuldades em juntar sons (fonemas) para formar palavras simples;

- dificuldades em completar palavras e frases simples;

- dificuldades em memorizar e reproduzir números, sílabas, palavras, pseudopalavras, frases, pequenas histórias, lengalengas, etc. (cf. DAPA).

Quais os sinais mais importantes que devem causar preocupação durante os primeiros anos da escolaridade?

Seguindo as mesmas fontes, destacamos os seguintes sinais:

- relutância em ir para a escola e em aprender a ler;

- sinais de desinteresse e de desmotivação pelas tarefas escolares;

- dificuldade em aprender palavras novas;

- dificuldades em identificar e nomear rapidamente letras e sílabas;

- dificuldades grafomotoras (na cópia, na escrita, no colorir e no recortar de letras);

- dificuldades com sons de letras (problemas de conscientização fonológica);

- memória fraca;

- dificuldades psicomotoras;

- perda frequente e desorganização sistemática dos materiais escolares, etc.

Quais os sinais mais importantes que devem causar preocupação depois de dois anos de escolaridade (2º ano do 1º ciclo)?

Seguindo as mesmas fontes, destacamos os seguintes sinais:

- leitura hesitante, lenta e melódica;

- dificuldades em resumir o texto lido (reconto);

- dificuldades em identificar os locais, os cenários, os atores, os eventos, a narrativa, o princípio e o fim da história;

- frequentes repetições, confusões, bloqueios e compassos no processamento de informação;

- frequentes adições, omissões, substituições, inversões de letras em palavras;

- paralexias (ler navio por barco);

- fracas estratégias de abordagem, discriminação, análise e síntese de palavra;

- fraca consciencialização fonológica e fragmentação silábica de palavras;

- dificuldades em reconhecer a localização de fonemas nas palavras;

- dificuldades em recuperar detalhes e pormenores do texto;

- dificuldades em desenvolver conclusões;

- dificuldades no ditado de palavras e pseudopalavras do nível de escolaridade.

Quais os sinais mais importantes que devem causar preocupação no fim do 1º ciclo de escolaridade?

Seguindo as mesmas fontes, destacamos os seguintes sinais:

- continua a evidenciar todas as dificuldades acima referidas;

- problemas de comportamento e de motivação pelas atividades escolares;

- frustração e baixa autoestima;

- problemas de estudo e de organização;

- fracas funções cognitivas de atenção, processamento e planificação;

- fraco aproveitamento escolar;

- pode evidenciar habilidades fora dos conteúdos escolares.

Quais os sinais mais importantes que devem causar preocupação durante os anos do 2º e 3º ciclo de escolaridade?

Seguindo as mesmas fontes, destacamos os seguintes sinais:

- continua a evidenciar todas as dificuldades acima referidas;

- dificuldades em concluir os trabalhos de casa;

- hábitos de leitura, de escrita e de estudo muito vagos;
- fraco conhecimento global;
- iliteracidade e inumeracidade;
- mais tempo para terminar testes ou avaliações escritas;
- provação cultural, etc.

Todos estes sinais são facilmente identificáveis por pais e professores, razão pela qual devem trabalhar em conjunto, pois só a sua sinergia estratégica envolvente e a sua permanente interação e comunicação podem encontrar vias alternativas de suporte e de apoio pedagógico e minimizar os efeitos das DA na criança ou jovem ou também no jovem DA.

O processo de identificação precoce deve ser seguido de um processo de avaliação mais intensivo, mais dinâmico e não meramente formal.

A suspeição de uma dislexia, de uma disortografia ou de uma dismatemática, deve ser operada por *especialistas em DA* com formação pós-graduada em nível de mestrado, ou professores com sólida formação psicológica, ou psicólogos com diversificada formação pedagógica, isto é, psicopedagogos ou paidólogos na expressão vygotskiana. A formação especializada em dislexia, disortografia e discalculia (dismatemática) nos seus componentes teóricos, diagnósticos e habilitativos deveria ser consagrada em nível superior.

Depois da identificação precoce, a necessidade de uma *avaliação mais sofisticada* deve enfocar-se em processos de observação que permitam detectar a natureza dos padrões de inêxito apresentados pelas crianças ou jovens e também jovens DA, pelo menos no processamento de informação da leitura, da escrita e da matemática.

A avaliação no âmbito das DA terá de ser de índole multi e transdisciplinar, envolvendo em termos ideais, no mínimo, as componentes médica, psicológica e pedagógica exercidas por profissionais especializados.

Não bastaria o recurso a avaliações estandardizadas, estritas ou formais, embora seja urgente apostar na sua investigação rigorosa. No âmbito da escola, perspectivaríamos um modelo de *avaliação psicopedagógica dinâmica* (FONSECA, 2001) aberto a psicólogos e a professores treinados para o efeito.

Esta avaliação centra-se num processo de interação mediatizada que visa estimar, encorajar e promover a capacidade de aprendizagem dos alunos e não avaliar o seu potencial intelectual retrospectivo, habitualmente inadequado para as DA, por dar informações limitadas para o processo de decisão sobre a intervenção que se lhe deve seguir.

A avaliação psicopedagógica dinâmica, de acordo com o ensino clínico, implica um *programa educacional individualizado* (PEI), dado que aponta para a modificabilidade cognitiva dos alunos e para um processo de avaliação-intervenção mais complexo, que agrega aspectos de análise comportamental e funcional, de competência linguística e de seleção de serviços e equipamentos.

Com base naquela avaliação psicopedagógica dinâmica, e com a avaliação do professor da sala de aula, devem então adaptar-se as competências do *ensino clínico* (avaliação, planificação, implementação, reavaliação, modificação – LERNER, 2003) e desenvolver um conjunto de estratégias de apoio à família e de apoio ecológico.

No âmbito do ensino clínico, há que prever modificações: no contexto da organização escolar; no arranjo espaçotemporal da sala de aula; na instrução e na adaptação do currículo; na promoção de competências e habilidades cognitivas de organização, de atenção, de escuta e escrutínio, de processamento e planificação da informação na aprendizagem; na implementação de estratégias de análise de tarefas, etc.

A *urgência de serviços* de identificação precoce, de avaliação dinâmica e de intervenção individualizada e clínica não pode continuar sendo adiada. A perda do capital intelectual de crianças ou jovens e também de jovens com DA não é admissível numa sociedade moderna.

Os alunos com DA deveriam ser receptores dos serviços e apoios acima apontados, acrescentando valor e capacidade de resposta ao sistema de ensino na sua totalidade.

A satisfação dos "clientes" do sistema de ensino teria assim solução às suas necessidades únicas, porque adotaria princípios de inclusão, de equidade, de alteridade, de respeito pela diferença, de tutorização e de individualização.

O maior desafio das DA está do lado da *qualidade do ensino* e da *excelência dos suportes e serviços* proporcionados pelo sistema de ensino.

Referências

ANDERSON, J.R. (1995a). *Learning and memory*: an integrated approach. Nova York: J. Wiley.

_____ (1995b). *Cognitive psychology and its implications*. Nova York: W.H. Freeman.

ASHMAN, A. & CONWAY, R. (1997). *An introduction to cognitive education*: theory and applications. Londres: Routledge.

BAUMRIND, D. (1967). "Child care practices anteceding three paterns of preschool behavior". *Genetic Psychology Monographs*, 75, p. 43-88.

BERTALANFFY, L. (1993). *Théorie générale des systèmes*. Paris: Dunod.

BONNO, E. de (1985). *The cort thinking program*. Nova York: Pergamon.

BRAZELTON, T.B. (1988). *Dar atenção à criança*. Lisboa: Terramar.

BRONFENBRENNER, U. (1979). *The ecology of human development*. Cambridge: Harvard University Press.

_____ (1977). "Ecological factors in human development in retrospect and prospect". In: McGURK, H. *Ecological Factors in Human Development*. Amsterdã: [s.e.].

BRUNER, J. (1963). *Toward a theory of instruction*. Boston: Harvard University Press.

_____ (1956). *A study of thinking*. Nova York: Wiley.

BUDOFF, M. (1987). "The validity of learning potential assessment". In: LIDZ, C. *Dynamic Assessment*. Nova York: Guilford.

CALVIN, W. (1998). "The emergence of intelligence". *Scientific American*, vol. 9, n. 4, p. 84-89.

_____ (1989). *The cerebral symphony*. Nova York: Bantam.

CALVIN, W. & OJEMAN, G. (1994). *The neural nature of thought and language*. Reading/MA: Addison Wesley.

CAMPIONE, J.C. & BROWN, A.L. (1987). "Linking dynamic assessment with school achievement". In: LIDZ, C. *Dynamic assessment*. Nova York: Guilford.

CARLSON, J.S. & WIEDL, K. (1992). "The dynamic assessment of intelligence". In: HAYWOOD, C. & TZURIEL, D. *Interactive assessment*. Nova York: Springer.

CHANGEUX, J.P. (1983). *L'Homme neuronal*. Paris: Fayard.

CHOMSKY, N. (1975). *Reflections on language*. Nova York: Pantheon.

_____ (1965). *Aspects of the theory of syntax*. Cambridge: MIT.

CHRISTENSEN, A.-L. (1979). *Luria's neuropsychological investigation*. Copenhague: Munksgaard.

CORREIA, L.M. (1997). *Alunos com necessidades educativas especiais na classe regular*. Porto: Porto Ed.

CORREIA, L.M. & MARTINS, A.P. (1999). *Dificuldades de aprendizagem*: o que são, como entendê las. Porto:
Porto Ed.

COVINGTON, M.V. (1966). *Childhood Attitude Inven-
tory for Problem solving (Caps)*. Berkeley: Universidade
da Califórnia.

CURTIS, S. (1977). *Genie*: a psycholinguistic study of the
modern-day "wild child". São Francisco: Academic Press.

DAMÁSIO, A. (1995). O *erro de Descartes* – Emoção,
razão e cérebro humano. Lisboa: Europa-América.

_____ (1979). The frontal lobes. In: HEILMAN, K. &
VALENSTEIN, E. *Clinical neuropsychology*. Nova York:
Oxford University Press.

DAS, J.P. (1998). *The working mind*: an introduction to
psychology. Londres: Sage.

_____ (1996). *Cognitive planing*: the psychological basis
of intelligent behavior. Londres: Sage.

_____ (1994). *Assessment of cognitive process*: the PASS
theory of intelligence. Boston: Allyn and Bacon.

DAS, J.P.; KIRBY, J.; JARMAN, R. (1979). *Simultaneous and successive cognitive process*. Nova York: Academic Press.

DAS, J.P. et al. (1979). *Simultaneous and successive cognitive processes*. Nova York: Academic Press.

DAVIES, L. & OLTON, R. (1974). *The productive thinking program*. Colúmbia: Charles E. Merrill.

DENCKLA, M.B. (1991). "Academic and extracurricular
aspects of nonverbal learning disabilities". *Psychiatric Annals*, 2, p. 717-724.

ECCLES, J. (1989). *The human psyche*. Londres: Springer.

ELLIS, A.W. (1993). *Reading, writing and dyslexia*: a cognitive analysis. Hove: Erlbaum.

FAGAN, T. & WISE, P. (1994). *School psychology*: past, present and future. Nova York: Longman.

FAWCET, A. (2001). *Dyslexia*: theory and good practice. Londres: Whurr.

FAWCET, A. & NICOLSON, R. (2001). *Dyslexia*: the role of cerebellum. Londres: Whurr.

FEUERSTEIN, R. (1987). "Apprend à être intelligent". *Le Journal des Psychologues*, n. 48.

_____ (1985). *Learning Potential Assessment Device – LPAD*: experimental version. Jerusalém: Hadasah-Wiso-Canada Research Institute.

_____ (1980). *Instrumental enrichement*. Baltimore: University Park Press.

_____ (1979). *The dynamic assessment of retarded performers*. Baltimore: University Park Press.

FEUERSTEIN, R. et al. (1987). "Prerequisites for assessment of learning potential". In: LIDZ, C. *Dynamic assessment*. Nova York: Guilford Press.

FEUERSTEIN, R. & RAND, Y. (1977). *Redevelopment of cognitive functions of retarded early adolescents*. Jerusalém: Hadasah-Wiso-Canada Research Institute.

FEUERSTEIN, R.; RAND, Y.; RYNDERS, J. (1989). *Don't accept me as i am*: Helping "retarded" people to excel. Nova York: Plenum Press.

FLAVEL, J.H. et al. (1993). *Cognitive development*. 3. ed. Nova Jersey: Prentice Hall.

FODOR, J.A. (1983). *The modularity of mind*. Cambridge/MA: MIT.

FONSECA, V. da (2004). *Dificuldades de aprendizagem*: abordagem neuropsicológica e psicopedagógica. Lisboa: Ancora.

_____ (2002). "Dislexia, cognição e aprendizagem: uma abordagem neuropsicológica às dificuldades de aprendizagem na leitura". *Cadernos da Associação Portuguesa de Dislexia*, ano 1, n. 1.

_____ (2001). *Cognição e aprendizagem*. Lisboa: Ancora.

_____ (1999). *Insucesso escolar* – Abordagem psicopedagógica das dificuldades de aprendizagem. Lisboa: Ancora.

_____ (1998). *Aprender a aprender* – A educabilidade cognitiva. Porto Alegre: Artes Médicas Sul.

_____ (1996a). *Aprender a aprender* – A educabilidade cognitiva. Lisboa: Notícias.

_____ (1996b). "É possível sermos mais inteligentes". *Revista do Correio da Manhã*, n. 4.

_____ (1995). "Sviluppo cognitivo". *Rinnovare La Scuola*, n. 1, p. 9-29.

_____ (1992). *Manual de observação psicomotora* – Significação psiconeurológica dos fatores psicomotores. Lisboa: Notícias.

_____ (1991). "De algumas concepções de inteligência à perspectiva da modificabilidade cognitiva estrutural de R. Feuerstein". *Revista de Educação Especial e Reabilitação*, vol. I, n. 5/6, p. 13-24.

_____ (1990a). "Alguns fundamentos psiconeurológicos e psicomotores da dislexia". *Revista de Orientação* Escolar, n. 4-5.

_____ (1990b). "Introdução ao Programa de Enriquecimento Instrumental – PEI, de R. Feuerstein". *Revista de Educação Especial e Reabilitação*, vol. I, n. 2, p. 10-32.

_____ (1989a). *Educação especial*. Lisboa: Notícias.

_____ (1989b). *Desenvolvimento humano*: da filogênese à ontogênese da motricidade. Lisboa: Notícias.

_____ (1987a). *Uma introdução às dificuldades de aprendizagem*. Lisboa: Notícias.

_____ (1987b). "Abordagem ativa à problemática da deficiência mental e das dificuldades de aprendizagem". *Rev. Reab. Humana*, vol. VII, n. 3-4.

_____ (1984). *Uma introdução às dificuldades de aprendizagem*. Lisboa: Notícias.

FONSECA, V. da & CRUZ, V. (1995). "Introdução ao Programa de Processamento Simultâneo e Sequencial de Informação – PPSSI". *Revista de Educação Especial e Reabilitação*, vol. I, p. 85-104.

FONSECA, V. da & SANTOS, F. (1995). *Programa de Enriquecimento Instrumental de Feuerstein:* um método para ensinar a pensar. Lisboa: Faculdade de Motricidade Humana.

FOSS, J.M. (1991). "Nonverbal learning disabilities and remedial interventions". *Annals of Dyslexia*, 41, p. 128-140.

FRITH, U. (1999). "Paradoxes in the definition of dyslexia". *Dyslexia*, 5.

GAGNÉ, R.M. (1977). *The conditions of learning*. Nova York: Holt, Rinehart & Winston.

GALABURDA, A. (2005). Neurology of learning disabilities: what will the future bring? *Learning Disability Quarterly*, vol. 28, n. 2, p. 107-109.

_____ (1989). *From reading to neurons*. Cambridge: MIT.

_____ (1985). "Development dyslexia: a review of biological interactions. *Annals of Dyslexia*, 32.

GALABURDA, A. & KEMPER, T. (1979). "Cytoarquitectonic abnormalities in developmental dyslexia: a case study". *Annals of Neurology*, vol. 6, n. 2.

GALABURDA, A.; LEMAY, M.; KEMPER, T.; GESCHWIND, N. (1978). "Right-left asymmetries in the brain". *Science*, 199, p. 4.311.

GARDNER, H. (1998). *Frames of intelligence*. Nova York: Basic Books.

_____ (1985). "A multiplicity of intelligences". *Scientific American*, vol. 9, n. 4, p. 18-23.

GESCHWIND, N. (1985). "Biological foundations of reading". In: DUFFY, F. & GESCHWIND, N. *Dyslexia*: a neuroscience approach to clinical evaluation. Boston: Little Brown.

_____ (1984). "The brain of learning disable individual". A*nnals of Dyslexia*, 34.

_____ (1975). "Language and the brain". *Biological Anthropology Scientific American*.

_____ (1962). The anatomy of acquired disorders of reading. In: MONEY, J. *Reading disabilities*: progress and research needs in dyslexia. Baltimore: J. Hopkins.

_____ (1962/1972). Neurological foundations of language. In: MYKLEBUST, H. *Progress in learning disabilities*, 1. Nova York: Grune & Stratton.

GESCHWIND, N. & LEVITSKY, W. (1968). "Human brain: left-right assymmetries in temporal speech region". *Science*, n. 161, p. 186-197.

GIBSON, E. (1975). *The psychology of reading*. Cambridge: MIT.

GOLDEN, C.J. (1991). *Manual of the Luria-Nebraska neuropsychological battery*: children's review. Los Angeles: WPS.

GOLEMAN, D. (1995). *Inteligência emocional*. Rio de Janeiro: Objetiva.

GUTHKE, J. (1992). "Learning tests: the concept, main research findings, problems and trends". In: CARISON, J. (org.). *Advances in cognition and educational practice*, vol. 1A. Greenwich: JAI.

HALSTEAD, W. (1947). *Brain and intelligence*. Chicago: University of Chicago Press.

HAMERS, J. et al. (1993). *Learning potential assessment*. Amsterdã: Swets & Zeitlinger.

HAMMILL, D. (1990). On defining learning disabilities: an emerging consensus. In: LEARN, J. *Dis*, vol. 23, n. 2.

HAYWOOD, C. (1992). *Interactive Assessment: assessment of learning potential* [9th Annual Learning Disorders Conference. Harward Graduate School of Education, Cambridge].

HAYWOOD, C. & TZURLEL, D. (orgs.) (1992). *Interactive assessment*. Nova York: Springer.

HAYWOOD, H. et al. (1982). *Cognitive education with adolescents*: evaluation of instrumental enrichement [6th Int. Ass. for the Scient. Study of Ment. Defic., Toronto].

HAYWOOD, H.C. (1995). *Cognitive early education*. Massachusetts: Charlsbridge.

HAYWOOD, H.C.; BROOKS, P.; BURNS, S. (1992). *Bright start*: cognitive curriculum for young children. Massachusetts: Charlsbridge.

HEBB, O. (1976). *The organization of behavior*. Nova York: J. Willey and Sons.

HEWARD, W. (2003). *Exceptional children*: an introduction to special education. 7. ed. Nova Jersey: Merrill Prentice Hall.

JANSKY, J. & HIRSCH, K. (1972). *Preventing reading failure*. Nova York: Harper & Row.

KIMURA, D. (1973). "The assymmetry of the human brain". *Scientific American*, n. 228, p. 70-78.

KOLB, B. & WHISHAW, I. (1986). *Fundamentos de neuropsicologia humana*. Barcelona: Labor.

LASHLEY, K.S. (1929). *Brain mechanism and intelligence*. Chicago: University of Chicago Press.

LE GROS CLARK, A. (1972). *The fossil evidence of human evolution*. Chicago: University of Chicago Press.

LERNER, J. (1981). *Learning disabilities*: theories, diagnosis and teaching strategies. 3. ed. Boston: Hougton Mifflin.

LEROI-GOURHAN, A. (1964). *Le geste et la parole*. Vols. I e II. Paris: A. Michel.

LIDZ, C. (1997). "Dynamic assessment: restructing the role of school psychologist". *Communiqué*, vol. V, n. 8.

_____ (1991). *Practioners guide to dynamic assessment*. Nova York: Guilford.

_____ (1987). *Dynamic assessment*. Nova York: Guilford.

LURIA, A.R. (1990). *Desenvolvimento cognitivo*. São Paulo: Ícone.

_____ (1981). *Sensación y percepción*. Barcelona: Fontanella.

_____ (1980a). *Conciencia y lenguaje*. Madri: Pablo del Rio.

_____ (1980b). *Higher cortical functions in man*. 2. ed. Nova York: Basic Books.

_____ (1979). *The making of mind*. Cambridge: M. Cole & S. Cole/Harward University Press.

_____ (1977a). *Neuropsychological studies in aphasia*. Amsterdã: Swets & Zeiflinger.

_____ (1977b). *Introducción evolucionista a la psicología*. Barcelona: Fontanella.

_____ (1977c). "O papel da linguagem na formação das conexões temporais e a regulação do comportamento em crianças normais e oligofrénicas". *Psicologia e Pedagogia*, I. Lisboa: Estampa.

_____ (1975a). *The working brain*. Londres: Penguin Books.

_____ (1975b). *The man with a shattered world*. Londres: Penguin Books.

_____ (1973a). "The origin and cerebral organization of man's conscious actions". In: SAPIR, S. & NITZBURG, A. *Children with learnig problems*. Nova York: Brunners & Mazel.

_____ (1973b). *The working brain*: an introduction to neuropsychology. Londres: Penguin.

_____ (1970). "The functional organization of the brain". *Scientific American*, n. 222, p. 3.

_____ (1969). *Higher cortical functions in man and their disturbances in local brain lesions*. Moscou: Moscow University.

_____ (1968). "The reeducation of brain damage patients and its psychopedagogical applications". In: HELLMUTH, J. *Learning disabilities*. Seatle: Special Child Publications.

_____ (1966). *Higher cortical functions in man*. Nova York: Basic Books.

_____ (1965). *Human brain and psychological process*. Londres: Harper & Row.

LURIA, A.R. & TSETKOVA (1987). *Recuperación de los aprendizajes básicos*. Madri: G. Nunez.

LURIA, A.R. & VYGOTSKY, L.S. (1992). *Ape, primitive man and the child*: essays in the history of behavior. Nova York: Harvester-Wheatsheaf.

MACCOBY, E. & MARTIN, J. (1983). "Socialization in the context of the family: parent child interaction". In: MUSSEN, P.H. (org.). *Handbook of child development*. Nova York: Wiley.

MASLOW, A. (1954). *Motivation and personality*. Nova York: Harper & Row.

MATTE, R. & BOLASKI, J. (1998). Nonverbal learning disabilities: an overview. *Intervention in School and Clinic*, vol. 34, n. 1, p. 39-42.

MAUCO, G. (1968). *Psicanálise e Educação*. Lisboa: Moraes.

MYKLEBUST, H. (1975). "Nonverbal learning disabilities: assessment and intervention". *Progress*, vol. 111, p. 85-121.

MORIN, E. (1996). *Problemas de uma epistemologia complexa*. Lisboa: Europa-América.

NEWELL, A. (1990). *Unified theories of cognition*. Cambridge/MA: Harvard University Press.

OJEMAN, G. (1991). "Cortical organization of language". *Journal of Neuroscience*, n. 11, p. 2.281-2.287.

PAOUR, J. (1992). "A case study in the induction of logic structures". In: HAYWOOD, C. & TZURIEL, D. (orgs.). *Interactive Assessment*. Nova York: Springer.

PELLEGRINO, J.W. (1985). *Human intelligence*: perspectives and prospects. Nova York: Freeman.

PIAGET, J. (1976). *Le comportement, moteur de l'évolution*. Paris: Gallimard.

_____ (1973). *Biologia e conhecimento*. Petrópolis: Vozes.

_____ (1965). *La naissance de l'intelligence chez l'enfant*. Paris: Delachaux et Niestlè.

_____ (1954). *The construction of reality in the child*. Nova York: Ballantine.

POPPER, K. & ECLLES, J. (1997). *The self and his brain*. Berlim: Springer.

QUIROS, J. & SRAGHER, O. (1985). *Neuropsychological foundations in learning disabilities*. São Rafael: Academic Therapy Public.

RAPOSO, N.V. (1995). *Estudos de psicopedagogia*. 2. ed. Coimbra: Coimbra Ed.

RAPOSO, N.V.; BIDARRA, M.G.; FESTAS, M.I. (1998). *Dificuldades de desenvolvimento e de aprendizagem*. Lisboa: Universidade Aberta.

REY, A. (1958). *L'Examen clinique en psychologie*. Paris: PUF.

ROURKE, B. (2005). "Neuropsychology of learning disabilities: past and future". *Learning Disability Quarterly*, vol. 28, n. 2, p. 111-114.

_____ (1995a). *Syndrome of Nonverbal Learning Disabilities*: manifestations in neurological disease, disorder and dysfunction. Nova York: Guilford.

_____ (1995b). "Identifying features of the Syndrome of Nonverbal Learning Disabilities in Children". *Perspectives*, vol. 21, n. 1, p. 10-13.

_____ (1993). *Neuropsychology of learning disabilities*: essentials of subtype analysis. Nova York: Guilford.

_____ (1989). *Nonverbal learning disabilities*: the sindrome and the model. Nova York: Guilford.

_____ (1975). "Brain-behavior relationships in children with learning disabilities". *American Psychologist*, 30, p. 911-920.

SHARRON, H. (1987). *Changing children's minds:* Feuerstein's revolution in the teaching of intelligence. Londres: Souvenir.

SIMON, H.A. (1975). "The functional equivalence of problem solving skills". *Cognitive Psychology*, 7, p. 268-288.

SPITZ, H. (1986). *The raising of intelligence*. Hillsdale: LEA.

STERNBERG, R. (1998). "How intelligent is intelligence testing?" *Scientific American*, vol. 9, n. 4, p. 12-16.

_____ (1982). *Handbook of human intelligence*. Cambridge: Cambridge University Press.

_____ (1979). "Stalking the IQ quark". *Psychology Today*, set.

_____ (1977). *Intelligence, information processing and analogical reasoning*: the componential analysis of human abilities. Hillsdale: LEA.

TAIPALE, M. e col. (2003). "A candidate gene for development dyslexia". *Proc. Natl. Acad. Scl USA*, 100 (20), p. 11.553-11.558.

THOMSON, M. (2000). *The psychology of dyslexia*. Londres: Whurr.

TOMASELLO, M. (1999). *The cultural origins of human cognition*. Cambridge: Harvard University Press.

TURING, A.M. (1950). "Computing machinery and intelligence". *Mind*, 59, p. 433-460.

TZURIEL, D. (1989). "Dynamic assessment of learning potential: novel measures for young children". *The Thinking Teacher*, 5, p. 5-9.

VALETT, R. (1980). *Dyslexia*: a neuropsychological approach to educating children with severe reading disorders. Belmont: Fearon Pitman.

VALSINER, J. (1988). *Social co-construction and environmental guidance of development*. Nordwood/MA: Ablex.

VELLUTINO, F. (1979). *Dyslexia*: theory and research. Cambridge: MIT.

VIEIRA, A.B. (1995). *Ensaios sobre a evolução do homem e da linguagem*. Lisboa: Fim do Século.

VYGOTSKY, L. (1993). *The collected works*, vol. 2. Londres: Plenum.

_____ (1986). *Collected works*: problems of general psychology. Nova York: Plenum.

_____ (1979a). *El desarrollo de los processos psicologicos superiores*. Barcelona: Crítica.

_____ (1979b). *Interacción entre aprendizaje y desarrollo*. Barcelona: Crítica.

_____ (1978). *Mind and society*: the development of higher psychological processes. Cambridge: Harward University Press.

_____ (1962). *Thought and language*. Cambridge: MIT.

WALLON, H. (1970). *Evolution psychologique de l'enfant*. Paris: Armand Cohn.

_____ (1969). *Do ato ao pensamento*. Lisboa: Portugália.

_____ (1963). *Les origines de la pensée chez l'enfant*. Paris: PUF.

_____ (1925). *L'Enfant turbulent*. Paris: Alcan.

WECHSLER, D. (1974). *Wisc revised*. Nova York: Psychological Corporation.

WIGG, K.G. e col. (2004). "Support for EKN1 as the susceptibility locus for dyslexia on 15q21". *Mol Psychiatry*, 9 (12), p. 111s.

Conecte-se conosco:

f   facebook.com/editoravozes

⦿   @editoravozes

🐦   @editora_vozes

▶   youtube.com/editoravozes

☎   +55 24 2233-9033

www.vozes.com.br

Conheça nossas lojas:

www.livrariavozes.com.br

Belo Horizonte – Brasília – Campinas – Cuiabá – Curitiba
Fortaleza – Juiz de Fora – Petrópolis – Recife – São Paulo

  *Vozes de Bolso*

EDITORA VOZES LTDA.
Rua Frei Luís, 100 – Centro – Cep 25689-900 – Petrópolis, RJ
Tel.: (24) 2233-9000 – E-mail: vendas@vozes.com.br